社会科学哲学译丛　殷杰 主编

本书受教育部重点研究基地山西大学科学技术哲学研究中心、
山西省“1331 工程”重点学科建设计划资助

社会科学的对象

〔英〕埃莉奥诺拉 · 蒙图斯基（Eleonora Montuschi）◎著
祁大为◎译

科学出版社
北京

图字：01-2016-2056 号

图书在版编目（CIP）数据

社会科学的对象 /（英）埃莉奥诺拉·蒙图斯基（Eleonora Montuschi）著；祁大为译. —北京：科学出版社，2018.3
（社会科学哲学译丛）
书名原文：The Objects of Social Science
ISBN 978-7-03-055616-5

Ⅰ. ①社… Ⅱ. ①埃… ②祁… Ⅲ. ①社会科学-科学哲学-研究 Ⅳ. ①C02

中国版本图书馆 CIP 数据核字（2017）第 286688 号

丛书策划：侯俊琳 牛 玲 邹 聪
责任编辑：田慧莹 刘巧巧 / 责任校对：何艳萍
责任印制：徐晓晨 / 封面设计：有道文化
编辑部电话：010-64035853
E-mail: houjunlin@mail.sciencep.com

科学出版社 出版
北京东黄城根北街 16 号
邮政编码：100717
http://www.sciencep.com
北京厚诚则铭印刷科技有限公司印刷
科学出版社发行 各地新华书店经销
*
2018 年 3 月第 一 版 开本：720×1000 B5
2024 年 8 月第四次印刷 印张：12 3/4
字数：202 000

定价：68.00 元

（如有印装质量问题，我社负责调换）

总　　序

社会科学是以社会现象及人的群体行为为研究对象的科学，其所从事的是对人类社会进行理性的、系统的研究；而社会科学哲学则是对社会科学的逻辑、方法和说明模式进行研究的学科，并以社会科学实践的理性重建为基本旨趣。实质上，二者之间呈现出科学与哲学的内在关系。作为人类知识的两种不同形态，自科学脱胎于哲学伊始，其与哲学就不分轩轾，但科学往往以其革命性的动力推动着哲学的发展甚至转向，科学发现为哲学困惑提供了新的出路，同时也使哲学面临着新的问题。

一方面，社会科学哲学的发展，从社会科学和自然科学的发展中获得了新的动力，这也是面向科学实践的社会科学哲学发展的基本路径。作为社会科学较为成熟的分支学科，经济学所描述的是，凸显社会状态而非物理状态的人类行为，其方法论被逐步扩展到政治学、社会学、人类学等其他社会科学当中，并且成为社会科学的普遍方法论，比如，理性选择理论依然是当今社会科学哲学所关注的热点之一。自社会学从哲学中分离出来之后，实证方法业已成为社会科学研究的基本方法，由此也开启了社会科学研究的实证主义哲学思潮，当然，实证主义在哲学中的兴盛与当时科学方法论的成功密切相关。时至今日，一系列科学新成果的出现，不断引发社会科学的深刻变化，特别是，人类学与社会学、心理学与认知科学之间的学科交叉发展愈益明显，这更有利于社会科学的“科学性”建设，也有助于社会科学哲学传统问题的实质性求解。比如，用互惠利他理论可以细化囚徒困境的说明，用竞争学习理论来说明跨文化异同，以认知科学中的联结主义来研究社会实践中的“共享”现象，等等。由此，可以看出，社会科学哲学正逐步“参与”到社会科学中来。

另一方面，从本质上讲，作为一种对科学进行的反思性实践活动，社会科学哲学就是要对社会理论的所有内容从根本上进行哲学层面的考察，进而寻找到各种理论性和纲领性的思想。作为哲学学科的分支，社会科学哲学的具体形态必然与一定时期的哲学形态相关联。在当代社会科学哲学中，无论是实证主义到后实证主义的相继出现，还是大陆社会科学哲学与英美社会科学哲学的区分，都与其所在的哲学传统有关。此外，社会科学哲学的历史发展，恰恰是哲学与社会科学互动的历史，也是社会科学不断通过自己的理论和实践表达，阐释和建立自己学科特征的历史。虽然当今社会科学有自觉摆脱哲学形而上瓜葛的倾向，但是社会中价值等规范性现象的合理性，却难以完全依靠经验事实来说明，诸如此类的问题，客观上就要求引入哲学的反思，这就使得社会科学哲学与哲学的发展总是同步进行的。20 世纪相继发生于社会科学哲学中的逻辑转向、语言转向、历史-文化转向和知识转向便印证了这一观念。

综上可见，不能孤立地理解社会科学哲学的发展，因为如果仅按流派来描述其发展理路，则有许多具体的焦点问题得不到应有的关注，这些问题恰恰是哲学与社会科学实践最直接相关、理论最中肯的地方。然而，如果只以具体问题的求解来呈现社会科学哲学现实状况，则有可能在整体语境的缺失下，难以周延问题的全部方面。因此，对于社会科学哲学整体研究的概观性图景的把握，就需要将二者统一起来，点线面结合，同时关注问题的历时性与共时性，这也是社会科学哲学的特殊性为研究者提出的根本要求。

国外社会科学哲学研究可谓方兴未艾。当前的社会科学哲学不能仅仅被视为科学哲学的分支，而是呈现出一种对社会研究实践进行反思的元理论研究。这是一种以社会科学的独立学科建制为基本定位的观点，它把社会科学哲学的研究视为在社会科学本身中进行的事务。可以说，社会科学哲学新的理论定位，直接以具体社会科学的研究对象为目标，不只限于为社会科学提供哲学认识论和方法论意义上的普遍指导，而且更专注于反思社会科学学科当中的社会科学实践，以及寻求具体学科本身的普遍原则和理论。也就是说，社会科学哲学面向科学实践的发展路径正在成为主流。特别是，在当前科学社会学和科学、技术与社会（STS）研究的推动下，社会科学家有组织的社会行为、认知劳动的组织模式、研究者的社会责任、研究共同体的制度化等方面，也正成为社会科学哲学自我反思的重要内容，这也使得社会科学哲学的理论和实践价值得到前所未有的认同。

近 30 年来，国内社会科学哲学研究基本上在各个问题域都有所展开，但是总体上看：一方面，在具体问题研究方面有所深入，在研究范式的形成方面却尚在起步；另一方面，社会科学哲学研究所涵盖的领域并没有形成统一的理解。事实上，这两方面的问题是相互联系的， 研究领域的模糊，致很难形成用以对话交流的明晰问题，于是也就难以形成所谓的范式。这个现状是国际性的，社会科学哲学近一个世纪的发展，其本身特质使研究触角无往弗届。以新康德哲学为代表的大陆社会科学哲学，通过其解释学、系谱学和批判理论传统几乎可横贯整个西方哲学史，特别是，自狄尔泰系统探索用“精神科学”来区分自然科学始，到韦伯时形成了比较成熟的解释主义的社会科学哲学理论。而以语言哲学为代表的英美社会科学哲学，则与分析哲学交织在一起，比如，温奇秉承了维特根斯坦的后期思想，将“语言维度”引入社会科学哲学的研究当中。此外，当前的社会科学哲学又不可避免地与认知哲学、心灵哲学等分支联系在一起。实际上，科学社会学、STS 在一定程度上也被认为是广义社会科学哲学的一部分。更为复杂的是，传统哲学分支中还包括社会哲学、政治哲学、法哲学等，这些哲学分支与相应的具体社会科学哲学关系的界定一直存有分歧。在此，需要特别指出的是，从当前学科建制上来看，社会科学哲学的研究“散落”在外国哲学、科学技术哲学、马克思主义哲学等学科领域当中。虽然这些领域都在研究社会科学哲学，但整体上缺乏一种具有统一性的研究范式，如此一来，各个领域的研究共同体就很难形成相应的学术认同感，由此也导致了学术规范的缺失，使得社会科学哲学也难以作为一门学科持续发展。

当然，我们迫切希望社会科学哲学成为一门学科，而不是以一种跨学科的、边缘化的研究状况来呈现，因为它有自己的核心问题，即社会科学的科学地位问题。社会科学哲学学科的建立将有助于其研究范式的形成，而范式的形成更需要学术积累与进步。从近 30 年国内社会科学哲学发展的状况来看，其积累有一定的成就，但是与研究范式的形成还有距离，至少在与该学科相关的学术资料特别国外学术资料方面的丰富程度还不够。因此，我们启动“社会科学哲学译丛”的初衷就是，致力于为社会科学哲学研究范式的建立做一些推动性的工作。事实上，只有对国际学术进展有深入细致的了解，并具备广阔的学术视野，才能建立起自己的合理的学术规范乃至学术话语格局，进而做出理论与实践层面的创新。本译丛总体上出于学科建设的需要，遴选代表西方社会科学哲学最新进展的优秀著作，突出学术观点间的异质性，反映一个时期观点间的对话与交锋，重点关注原创性的作品，同时在国内同行已做好的工作基础上，力求呈现社会科学哲学近半个世纪以来的发展图景，为其学科建设做一份厚实的基础性积累。这将是一项艰巨的任务，所以我们把本译丛设计成开放的体系，徐图渐进，以期虑熟谋审，争取力不劳而功倍。

本译丛的整体框架由四个部分组成。第一部分的内容以史为主，包括社会科学史、社会科学思想史和社会科学哲学史，如《社会科学的兴起 1642—1792》《1945 年以来的社会科学史》《社会科学的历史与哲学》。社会科学是社会科学哲学研究的对象，是哲学依赖的事实基础；社会科学发展的规律和本质的研究离不开对历史的审视与重构；社会科学思想史介于科学与哲学之间，是社会科学范式转换发展的呈现；社会科学哲学史是社会科学哲学教学与科研倚重的方面，一门学科的建立首先是其学科历史的建立，有史才有所谓的继承与发展，有史才有创新的基础。第二部分的内容体现为具体社会科学哲学，如《社会科学与复杂性：科学基础》《社会科学的对象》。当今社会科学的发展从深度上讲专业化程度越来越高，从广度上来看交叉发展是不可逆转的趋势，呈现出学科间协作解决问题的态势，学科间的大一统越来越不可能，学科间的整合则时有发生。因此，对社会科学的哲学批判与反思已不能完全是一种宏大叙事，而需要参与到具体社会科学中来。第三部分的内容聚焦于社会科学哲学专论，主要包括名家名著、专题文集、经典诠释等，旨在呈现某一时期学界关注焦点、学派特色理论、哲学家思想成就等，如《在社会科学中发现哲学》《卡尔·波普尔与社会科学》。第四部分的内容专注于与社会科学哲学相关的教材，如《社会科学哲学：导论》《社会科学哲学：社会思想的哲学基础》。教材建设是学科教学建设的重中之重，成熟教材的译介，为我们编写适合实际情况的教材提供了重要的参照。对此，我们从两个方面来展开：一是社会科学哲学通识课教材；二是其专业课教材。总之，本译丛的规划框架兼顾史论，点线面结合，从科研与教学两方面立意，以期能满足社会科学哲学研究范式建设在著作和教科书方面的需要。

山西大学科学技术哲学研究中心一直以积极的姿态推动中国科学技术哲学的学科建设，以促进中国科学技术哲学的繁荣与发展为己任，在译介西方哲学优秀成果方面形成了优良的学术传统、严谨的学术规范和强烈的学术责任感，曾做过大量而富有成效的工作，并且赢得了国内同行的广泛认可。21 世纪初我们陆续推出“山西大学科学技术哲学译丛”，2016 年我们组织翻译的大型工具书《爱思唯尔科学哲学手册》9 部 16 册已陆续出版发行。我们将一如既往地秉承传统、恪守规范、谨记责任，以期本译丛能够实质性地推动我国社会科学哲学的教学与科研迈上新的台阶。由于本次翻译工作时间紧迫，翻译和协调难度大，难免在某些方面会不尽如人意，我们诚盼学界同人不吝指教，共同推动这一领域学术研究的进步。

在译丛即将付梓之际，作为丛书的组织者，有许多发自肺腑的感谢之言。首先我谨向各著作的原作者致谢，他们的原创性的成果为我们提供了可珍鉴的资源；其次，感谢科学出版社科学人文分社侯俊琳社长，他的远见卓识和学术担当，保证了本译丛的成功策划和顺利出版，他为此付出了难以言表的辛劳；再次，感谢每一部书的责任编辑，他们专业高效的工作保证了译著能够以更好的质量呈现出来；最后，还要感谢诸位译者，他们克服种种困难，尽最大可能保质保量地顺利完成了翻译工作。总之，我希望我们的工作最终能够得到广大读者的认可，以绵薄之力推动国内社会科学哲学事业的蓬勃发展。

“哲学社会科学是人们认识世界、改造世界的重要工具，是推动历史发展和社会进步的重要力量，其发展水平反映了一个民族的思维能力、精神品格、文明素质，体现了一个国家的综合国力和国际竞争力。”[①]社会科学哲学是哲学，同时是社会科学发展必不可少的思想前提，为社会科学澄清基本概念，以理论模式提供合法化辩护的工具性手段等；社会科学哲学的繁荣必将有力推动社会科学的发展。社会科学哲学译丛的长远意义也正在于此，“安知不如微虫之为珊瑚与蠃蛤之积为巨石也”[②]。谨序。

殷　杰

2017年10月10日于山西大学

① 习近平. 2017-10-10.（新华网授权发布）在哲学社会科学工作座谈会上的讲话（全文）. http://news.xinhuanet.com/politics/2016-05/18/c_1118891128.htm.

② 蠃，通“螺”。出自：章太炎. 1981. 译书公会叙//朱维铮，姜义华，等编注. 章太炎选集. 上海：上海人民出版社：36.

中文版序

《社会科学的对象》一书自出版以来，已十年有余。这期间，社会科学哲学的教学和研究经历了很大的变化。一方面，哲学家，特别是秉持分析传统的哲学家，通常将社会科学哲学当作科学哲学的附庸来加以对待，并视其为一个“穷亲戚”(poor cousin)，这大概是因为社会科学哲学在学科的严谨性和分析的精确性上从未取得过像科学哲学那样的成就。社会科学历来以“二流”科学的形象呈现在世人面前，其中的社会统计学或经济学因在研究社会问题时使用了数学工具而在方法上更为形式化和“确切”，或许可以算作例外。另一方面，社会科学的理论家们发现使用数学工具要么是多余的（因为他们有自己的概念工具和理论工具，并认为就此完全可以处理所谓的社会问题），要么认为数学工具会让研究者误入歧途（因为对于哲学家而言，研究社会问题仅仅是其从事朴素的哲学研究的一个“借口”，具体使用何种工具并不重要）。另外，让人不解的是，那些社会科学理论家几乎或者完全没有研究过真正意义上的社会科学；同样，对于不同的社会科学应该提出什么样的特定问题，以及社会科学理论家在其自身的研究实践中需要提出什么样的认识论问题和方法论问题，他们也很少或者根本没有进行过反思。

《社会科学的对象》并未随波逐流。本书将社会科学哲学作为一门独立的学科来加以研究，试图探究哲学（以及何种类型的哲学）能否被用于描述和说明社会领域内的种种问题。但是，最值得一提的是，本书采用了一种实践的视角：书中所思考的社会“问题”指的是特定的社会科学学科，并尽可能地从科学领域拓展至特定的社会领域。这些“问题”才是本书所探讨的社会科学的“对象”，一门好的社会科学哲学应从这些对象的确定、收集、设计和可供学术讨论的方式中汲取养分。社会科学本体论是一个碎片化的、混杂而又斑驳的指称领域——其意义既取决于社会科学家分析问题的角度（社会学家、人类学家或经济学家等），又取决于所分析关注的具体问题。一门好的社会科学哲学就是一门由不同社会科学学科所确定的研究对象的哲学。

这是我十四年来一直坚持的一个视角。在此期间，很多研究者沿着这个方向做了大量的工作。哲学家们似乎已经清楚了应该如何去发掘复杂且多样的社会世界本体论，同时还对那些之前被认为难以捉摸的问题展开了详尽的研究，诸如对“幸福”“社会”或者“城市”是什么的研究，还明白了如何去衡量类似于“内战”“种族”“肥胖”等不确切的概念。社会科学哲学现已成为一个朝气蓬勃的研究领域，其研究的问题不再局限于上文提到的传统学科（如经济学或社会统计学），还涉及了社会科学中的各门学科。①

当然，如果上述情况得以实现，那么科学哲学必须改变其智慧格局。科学哲学也的确变得更为包容，既接纳了对各门科学及其问题的研究，又在理论问题之外将实际问题（如用途、

① 运用这种方法“研究”社会科学哲学的例证见于 N. Cartwright and E. Mon-tuschi (eds.) *Philosophy of Social Science: A New Introduction*, Oxford University Press, Oxford 2014.

价值观和政策依据等问题）也纳入进来。此外，科学哲学认为各门科学的复杂性（以及“新”科学的出现，诸如气候科学或基因工程等）和这些科学的研究成果在用途这一语境中的运用业已对既定科学学科的传统边界划分构成了挑战，并由此展开了跨学科研究。

书名中的“对象”一词会让读者自然而然地想到客观性的概念（英文中客观性“objectivity”一词是由对象“object”一词派生而来，译者注），而客观性也的确是《社会科学的对象》一书所要探讨的主要问题。与自然科学相比，如果社会科学在方法论和认识论上被认为差强人意，那么社会科学又如何才能做到客观？在本书中，我提到了一个观点，就是把客观性看作是一个实践的成果，这一点我将在以后的研究中作进一步的阐述。在进行真实可靠的研究时[即忠于事实、尊重科学方法的规程，并让自然“为自己说话”——达斯顿和加里森（Daston and Galison）在其2007年出版的著作中对这种“机械的客观性”进行了充分的讨论①]，客观性远不是一个不可改变的理想，相反，实践中的客观性绝不能对语境、语境的解释以及人类的判断视而不见。如果客观性在研究中有一定的作用，那么针对依赖于研究对象所处领域中具有干扰作用的偶发因素，客观性应该在它们之间建立一种平衡。在追求客观性时，我们首先应承认我们打算对哪些“对象”采取客观的态度。②

---

① L.Daston, P.Galison. *Objectivity*. New York : Zone Books, 2007.

② 如需了解我近期客观性研究工作的方向，可参见‘Objectivity’, *Routledge Companion in the Philosophy of Social Science*, Routledge New York, 2017; ‘Using science, making policy: what should we worry about?’, *European Journal in Philosophy of Science*, 7 (1), 2017; ‘Scientific Objectivity’, in *Philosophy of Social Science: A New Introduction*, with N. Cartwright. Oxford: Oxford University Press, 2014。

然而，这不应使我们认为这些“对象”的确定和收集会是一劳永逸的。社会世界是一个快速变化的世界，试图捕捉社会世界善变本质并对其问题和挑战进行探讨的理论也在不断地变化。利特尔（D. Little）在其新作[①]中谈到了当代中国这个例子，并由此提出社会学不是，而且不可能是一门“完备的科学”。他写道：“中国乡村和城市正在经历的变化进程是新颖的，也是偶然的。现行的社会学理论没有提供一个基础，使我们能够根据一些简单的模板来实现对这些进程的概念化……相反，一门针对中国的社会学需要进行持续的描述性研究……并形成创新性的理论，从而为以中国为代表的诸多经验实在找到一些说明性的规则。”

研究者对如此纷繁复杂的因素和进程作出客观评价，是建立理论和实践二者平衡关系所需条件框架的必要组成部分。一门好的社会科学哲学对于完成这一任务有着巨大的辅助作用，它可以提供一套动态的概念和方法论工具，使我们能够捕捉本体论的复杂性，并与日新月异的社会变化保持同步。

由于社会学（以及其他的社会科学）并不是“完备的科学”，我们应将社会科学哲学本身当作一种值得我们为之付出努力和不断发展的研究工作。用利特尔的话总结就是：“随着中国的大学和研究机构不断地开展社会学和社会科学的研究工作，就中国的研究者和理论工作者而言，针对由社会科学哲学提出的诸多问题进行深入思考将大有裨益。”

埃莉奥诺拉·蒙图斯基

2017年9月10日于伦敦

① D.Little. *New Directions in the Philosophy of Social Science*. London/New York: Rowman & Littlefield, 2017.

序

本书是由数年前我在伦敦政治经济学院及牛津大学所做的关于社会科学哲学的讲座和研讨会上的发言整理而成的，还包括了我 1995～1998 年在帕维亚大学举行的一系列社会科学认识论研讨会上的发言内容。①

我虽然受过科学哲学训练，但始终认为社会科学是一个繁荣而有趣的研究领域，也是哲学分析的一片沃土。纵观自然科学和社会科学，二者在认识论和本体论上的区别尤其对我具有启发意义。我们从这些区别当中发现的一些线索，使我们能够重新思考这两个研究领域内大量的争议性问题。客观性就是其中的问题之一。

本书把客观性这一问题作为研究重点，主要有两个目的：一方面，客观性问题会使我们注意到在社会科学研究过程中描述和分类研究对象时用到的各种程序、方法和形式；另一方面，客观性问题有助于我们对社会科学实践中的理论问题、方法论问题或者更一般的哲学问题进行反思。总的来说，对于那些对社会科学进展感兴趣的读者（包括哲学家），本书可以被当作社会科学哲学的入门读物。按照这个思路，我在本书中既没有把客观性当作一种理想（ideal），也没有

① 我在这工作期间参与了 S. Borutti 的《人类科学哲学》（*Filosofia delle scienze umane*）一书第三部分的撰写，出自 *Le categorie dell'Antropologia e della Sociologia*（《人类学和社会学分类》丛书），Milan: B. Mondadori, 1999.

把它看作是一个预设标准，而是将它当作一种特定类型活动（社会科学实践）的结果去分析。

为了帮助大家更方便地阅读本书，接下来我将对本书结构作一个简单的介绍。导论部分从总体上考察了社会科学客观性问题研究当中存在的主要问题，明确了哲学社会科学文献里讨论和分析这些问题的语境。专家级读者可以通过本章内容对这些主要问题做一个简要的回顾。入门级读者也可以通过本章对一些相关话题形成整体的了解，并可以通过书后列出的相关参考书目进一步了解这些话题的研究背景。但是，无论是专家级的读者，还是入门级的读者，都可以通过阅读本章内容来了解本书的基本原理。

本书各章节将考察某些特定社会科学是如何对它们的研究对象进行研究的。这样做的目的在于让读者去反思这样一个问题，即社会科学研究对象的确定方式和针对这些对象提出的各种问题如何决定了社会科学研究的客观性。每个章节既给出了被考察“学科”的背景资料，又描述了历史上关于这些“学科”的方法论争论，还详细分析了具体研究对象的案例研究和所举的例子。此外，正文后还列出了参考文献和注释，可供感兴趣的读者做进一步研究。

本书所选取的学科并未涵盖所有社会科学，而且我也确实无意于此。我只是想给读者提供一些我比较熟悉的例子，并不是要写一本社会科学研究对象的百科全书。我希望书中有限的例子能够鼓励读者想出更多自己的例子。

从不同“科学”中遴选出“研究对象”是一个颇具争议性的举动，因为如今各个学科之间的边界已经不再泾渭分明，我们常常可以看到人们会用好几种科学来分析同一个社会现象。事实上，我之所以在本书中强调社会科学研究对象的复杂性，是为了指出这些研究对象具有多面性，可以从多个不同的角度进行研究。尽管在研究对象的分类问题上存在着一些问题，但是由于各门学科的研究人员都有各自认同的实践活动，我将在接下来的章节中依据这些活动的类型来区分社会科学的研究对象。当然，如果某个学科的研究人员运用了其他学科的研究方法或程序，这种情况也没有被排除在外。

在此，我要感谢我的同事和朋友们。他们在成书过程中讨论并审阅了我的书稿，而且提出了宝贵的意见和建议。他们给了我极大的鼓励，并对本书的出版寄予了莫大的期待。我还要感谢在过去几年间受我邀请和邀请我参加研讨会的各位社会科学家和哲学家。我希望他们在看到拙作时，不要因为我未能青出于蓝而失望。这些研究者包括但不限于加雷斯·威廉姆斯（Gareth Williams）、苏菲·威克斯（Sophie Weeks）、奥莉·申克（Orly Shenker）、西蒙·谢弗（Simon Schaffer）、安迪·普拉特（Andy Pratt）、马塞洛·佩拉（Marcello Pera）、威廉·乌思怀特（William Outhwaite）、斯蒂文·卢克斯（Steven Lukes）、托尼·劳森（Tony Lawson）、科林·豪森（Colin Howson）、罗姆·哈瑞（Rom Harré）、亚德里安·哈多克（Adrian Haddock）、伊恩·哈金（Ian Hacking）、乔治·加斯克尔（George Gaskell）、约翰内斯·费边（Johannes Fabian）、约翰·杜普雷（John Dupré）、南希·卡特赖特（Nancy Cartwright）、戴维·布鲁尔（David Bloor）、西尔瓦娜·博鲁提（Silvana Borutti）、巴利·巴恩斯（Barry Barnes）和丽塔·阿斯图蒂（Rita Astuti）。

我还要感谢本书编辑罗伯特·诺斯科特（Robert Northcott）和另外两名编辑，感谢他们为本书提出的宝贵意见。最后，我还要感谢我的学生，感谢他们向我提出了各种各样的问题，使我能够对自己的观点进行不断的批判和思考。

在成书过程中，我的写作环境也发挥了重要作用。在写作本书期间，我很幸运地能够成为伦敦政治经济学院自然和社会科学哲学研究中心的一分子，享受那里亲切友好而又令人奋发的氛围。在此，我谨向伦敦政治经济学院自然和社会科学哲学研究中心表示诚挚的感谢。

感谢阿里斯泰·莫雷（Alistair Morley），感谢他照顾我的生活并让我保持心情愉悦。

我将本书献给我逝去的父母——贾科莫（Giacomo）和埃达·蒙图斯基（Ada Montuschi），还有我的杰克（Jack）。

埃莉奥诺拉·蒙图斯基（Eleonora Montuschi）

2002 年 7 月 6 日于伦敦

本书凡例[①]

本书斜体有以下意义：

（1）表示强调的用语。示例如下。

“*客观的过去*”这个观点以及对过去的“*完美记录*”的观点可以说是毫无意义的。（第 72 页，原文为 The idea of *an objective past*，as well as that of *a perfect record* of the past，are，arguably，meaningless.）

（2）未归化的外来词语。示例如下。

公鸡（*Sabung*）

人造的东西，或被塑造的东西（*fictio*）

① 凡例为译者所加。

目　录

表目录

导论 1
客观性、科学和社会科学

第一节　曲解的比较

“我们能否在社会世界（social world）中获得‘客观’知识？”这一古老的问题仍然时常出现在当代学界关于社会科学的讨论中。由于一系列方法论和历史的原因，该问题与“关于社会的知识是‘科学的’吗？”这个问题息息相关。由于这两个问题密不可分，社会科学知识的客观性一直以来都被视为一个规范性（normative）问题。[1] 客观知识的范式——自然科学——是确定的，因而当我们主张只存在一种客观的方法（即自然科学的方法）时，社会科学知识只有在遵循自然科学研究方法和程序的前提下才可能成为客观知识。依照自然科学中有实例支撑的科学模型，如果认定一门学科试图就其研究对象形成可靠的信息，那么“学科是科学的”就被视为其争相模仿的理想对象。从这个角度来看，“科学知识”就被视为一个研究领域应获得的最高等级的知识。[2]

社会科学历史中充斥着大量的例子都反映了这种规范性态度。一些例子告诉我们，如果对历史的说明（explanations）符合科学说明的描述，即个别事件的发生是一个规律（law）（及其他初始条件）按照逻辑演绎的结果，那么这样的历史才是客观的。法国大革命为什么会发生？因为一系列事件的共同作用必然会导致这场革命，就像历史上每出现一次类似的情况都会引发一场革命一样。与此类似，另一些例子告诉我们，如果我们能把人类学和社会学中的发现当作“事实”或者是由普遍规律概括而来的“数据”，那么对人类学或社会学的理解就是“客观的”。例如，所谓的“比较法”就曾在19世纪人类学研究中被广泛使用。这种方法一方面依赖于不同文化间存在着的重复出现的特点或特征；另一方面又依赖于人们能够总结出可以说明人类/社会发展的各种规律。

2 然而，社会科学的历史也是一部对自然的、“真正的”科学所蕴含的规程（protocols）[①]不断进行调整的历史，为的是使这些规程满足社会科学实践的特点和特定要求。我们从一开始就知道，由于一系列的原因，社会科学研究与自然科学中的这些规程是相悖的。通过对比社会科学和自然科学，我们可以发现社会科学中弥漫着一种强烈的自卑情结。这一点让人很奇怪，但并不在意料之外。我之所以说这个情况不算意外，是因为长期以来，在说明为什么社会科学不符合自然科学和为什么社会科学研究成果不是客观的这两个问题时，研究者都是在自然科学的客观知识范式中来寻找原因的。这就好比社会科学要被迫去打一场注定无法取胜的战争。[3]

例如，为了得出客观的（即实事求是的）结论，科学家需要避免受到个人价值观的干扰，虽然这已经是老生常谈了，但是对于这一观点的评价在自然科学和社会科学中却截然不同。区别于自然科学，在社会科学研究当中，社会科学家的价值观往往成为他结论的一部分。正如我们之前提到的，科学家个人的价值观会影响到结论的客观性，这一点表明相应的结论并非受制于那些带有价值负载的观点，相反是*借助于*这些观点才被得出的。[4] 例如，我们可以想象一位自然科学家提出了地球是被一条放射带包围着的这样一个假设。[5] 为了支持这一假设的真实性，他首先会去找一些相关的观测数据来进行佐证；然后又会去找一些已有的理论，并通过这些理论用一种可靠的方式去解释（interpreted）这些数据；最后他会调用自己的一些价值判断，如“查明真相是有益的”等。显然，这些价值判断与接受或者拒绝这一假设在逻辑上并无关联。我们还可以设想为了证明不同种族在智力上存在优劣之分这一假设，某个研究人类智力的专家会引用以下三点内容作为论据：①从不同种族人群的智力测试中得出的可以反映出测试分数与种族差异性相一致的证据（evidence），表明测试分数的差

---

① 指为实现特定目标所采取的一系列先后相继的行动组合，也指多个活动组成的工作程序，尤其强调行动的先后步骤。——译者注

异与种族的差异具有一致性，也就是说，不同种族间是存在智力差异的；②某个关于人类智力的基因或遗传学基础的理论；③某个针对特定人群的种族主义观点。在这种情况下，同上面提到的论据①和②一样，论据③也可能会被用于证明某一种族要比另一个种族更聪明这一结论。更让人感到担忧的是，论据③会使人们去阅读更多由所谓的“客观”统计得出的结果。[6] 当然，在上述这种“证据”的基础上所得到的结论，其客观性似乎也是非常值得商榷的。

在评价其他所谓的潜在干扰因素（interfering factors）在自然科学或社会科学中的不同作用时，我们也会遇到类似的问题。例如，任何科学研究都需要在特定的*语境*（社会的、文化的和历史的语境）中展开，并且科学研究的结论也需要在语境限定的范围内进行理解。

20 世纪 30 年代，曼海姆（K.Mannheim）提出了一个相当激进的观点。[7] 3
正如玛丽・海茜（Mary Hesse）在 1976 年发表的一篇文章中提到曼海姆对两篇很有争议的论文都持支持态度，并对此作出了说明 [8]。曼海姆支持的第一篇论文包含两个意识形态理论——一个是特殊的，一个是整体的（one particular, and one total）。根据前一个理论，意识形态是一系列偏见曲解了的现实。具体的意识形态不利于人们对某些现实进行评价，应该被剔除。一个典型的例子是马克思资本主义理论中统治阶级的利益驱动（interest-driven）信念（beliefs）。不过，曼海姆认为利益驱动信念并不是统治阶级所独有的，被统治阶级及他们的代言人也都有各自的意识形态，并且他们也乐于看到这种利益驱动的意识形态能够占据主导地位。这一看法使曼海姆从特殊的意识形态转向到了整体的意识形态的探讨：在一个社会中，一个信念只有属于某个社会团体或社会群体（social party or group），它才有存在的前提。因此，任何针对一种特殊意识形态的批判只能来自另外一种特殊的意识形态，而这种批判是由其社会属性本身决定的。

这样一来，曼海姆就陷入其第一篇论文所制造的矛盾当中。如果所有的信念都是由意识形态决定的，或者用一个比较新的术语就是“本质上有争议的”（essentially contested）来形容 [9]，那么人们将无法区分“有曲解作用的信念与现实”和“被曲解了的信念与现实”。客观性就成了一个形同虚设的标准、一个虚无缥缈的目标。于是，曼海姆引入了第二篇论文。海茜曾提醒我们，曼海姆假设了至少“在自然科学、数学和逻辑学领域内，那些等同于知识的、正确的和基本的信念与那些错误信念之间的区别仍然存在，因而他认为这些领域不应该纳入整体/特殊意识形态理论这篇论文的探讨范围”[10]。此种区别不适用于社会领域的研究。这说明了社会领域的研究有其特有的局限性，所研究的问题也具有其特殊性。有趣的是，为了使他的第一篇论文免于陷入绝境，曼海姆做好了要让社会科学付出最惨痛代价的准备。

20 世纪 60 年代，拉卡托斯（I.Lakatos）对语境因素在科学事实发现和自然科学理论形成过程中所发挥的作用作出了非常令人信服的说明。他认为，语境因素仅仅是科学理论产生的“外部”影响因素，而只有在说明“病态的”（pathological）或偏离理性的抑或是偏离科学的信念时，这些语境因素的重要性才能体现出来。科学理论的评判是由其内部因素决定的，与语境因素无关。在不借助于语境相关的因素——特别是社会因素——的情况下，一个好的方法论应该既能够说明理论又可以说明理论中所涉及事实是如何被发现的。拉卡托斯把影响因素分为“内部”影响因素和“外部”影响因素，他这样做有两个目的：一是杜绝（或者尽可能避免）社会分析在客观上被正当化；二是使社会科学研究本身失去任何价值，变得无依无凭、一无是处。[11]

4 有一种观点认为事实是社会“建构”的，而由此得出的复杂看法为我们提供的一个例子说明，所谓的干扰因素是如何促使人们采用各种策略来维持科学的客观性的，只不过这些策略在社会科学中并不会像在自然科学中那样有效。就反对社会建构论的理由而言，其目的通常是使人们更加难以接受自然事实而非社会事实是被建构的这一观点。[12]比如，有一种荒谬的看法认为，假如人类没有创造自然世界，那么它就不会存在，或者我们没有办法区分事实（独立于人类干预但不与其“抵触”的现实秩序）和关于事实的看法（一种依赖于人的现实），而如果我们不想被这种谬论所误导，那么我们就应该相信自然事实是无法被社会建构的。有时，人们会认为，如果我们想说明科学的成功，那么自然事实必须存在于一个非人造的现实之中。有趣的是，当人们评价社会事实所谓的非建构本质时，社会事实是不是现实的似乎不再那么重要了，甚至也不会引起灾难性的后果。如果没有人类，就不会有社会事实，这样的说法是不是不合逻辑？比如，一个政治家会因为有人（一个人或很多人）认为他存在所以他才存在。类似这样的观点是否与“分子是因为科学家认为它们存在而存在”这种说法一样有争议？（人们常常用社会科学缺少真正的成功这一点来说明社会科学研究对象并不是现实的。）考虑到上述观点通常是站得住脚的，那么即便社会科学“成功”了，也不能表明社会科学描述的就是非社会建构的事实。总的来说，让人们（更）难以接受的是，适用于科学/自然事实的建构主义形而上学（constructivist metaphysics）最终将使人们不再相信：一个由自然物与程序构成的、永恒而独立的、客观（相对于主观）存在的世界可以作为科学研究所指称的世界。当人们不再相信这一点时，随之形成的后果同样令人难以接受。如果没有这样一个世界作为指称对象，那么所谓的科学发现都会变成主观而非客观的事件。因此，当我们审视自然科学时，我们就不会惊讶于最激烈的争论是围绕建构论问题而展开的。一般来说，从社会学的角度审视自然科学既不合理，又容易被当作是一种恶意行为。所谓的“科学大战”就充分说明了社会的/社会学的观点对于自然科学领地的“侵略”是如何在自然科学领域内被承认的。[13]

那么，自然科学和社会科学的比较是否意味着人们对社会科学知识客观性的看法失之偏颇？我们为什么应该相信只有借助于反映科学研究原貌的模型才能证明社会科学的客观性？所谓的后经验主义科学哲学家告诉我们，自然科学所暗含的“科学的”和“客观的”模型是有瑕疵的。[14]自然科学向人们呈现了一幅井然有序的画面，它既符合方法论，又有规则约束（rule-bound），还价值中立（value-free）。但这一图景实际上并没有正确地反映出科学研究的原貌。也就是说，这一图景难以揭示科学的真相和科学研究的方式方法。对于各种以 5
客观性为目标的学科（如自然科学）而言，当我们为这些学科应该效仿的客观性制定规定（prescription）时，这一看法更加不尽如人意。而对于界定科学的普遍标准，后经验主义的批判最终也拒斥了其存在。因此，诸如“客观的”“理性的”或者“真实的”这些词也失去了它们的规定性（prescriptive）内涵，不同学科之间的边界划分离消失也仅有一步之遥了。最后，在最为激进的情况下，我们从原则上已经找不到任何标准可以将科学与其他任何的研究实践区分开来，知识的范式模型也将成为这种幻想图景的一部分。人们抛弃了从方法论的角度对科学知识进行规定的观点，转而从相对主义的角度去评价获取知识的具体条件和由社会决定的科学观点。[15]

在某些情况下，相对主义被引入强语境论中。强语境论包含了某种形式的

认识整体论。认识整体论认为对一个信念的评价取决于其所属信念集合的整体结构（语境）对它的支持程度。语境论还包含某种形式的*解释主义*：这一流派认为对某个信念的评价取决于语境，这一说法是指这个信念与其所表征的事物之间不存在直接的可以描述的关系。（根据一些非普遍性的假定）语境完全决定了信念的内容，语境表征永远不可能只是对独立存在事件的（重新）描述。

认识整体论及解释主义因其令人怀疑的结论而常常受人诟病，其中一个颇为有名的例子就是所谓的“解释学循环”。[16]该循环背后的逻辑是这样的：因为知识是由语境决定的，所以我们的知识诉求其实就是对事物的解释，而不是对它们的表征。然而，语境本身也是需要被解释的（即语境依赖于其他的解释）。因此，当我们试图评价我们的知识诉求时，我们最终还是要依赖于其他的解释，而不是借助于独立存在的证据。如果我们将“解释学循环”的观点置于自然科学或社会科学的语境中，那么我们通常得到的直接后果就是对客观性的否定。[17]解释性知识具有不确定性、不完整性和视角性（perspectival）①等特点，因而这些知识被认为与那些已经被证明为真正的信念是相悖的。这一观点质疑并最终要否定的是，科学能够“捕捉到科学这种活动（或社会实践）之外的某个特征”这一看法。[18]

然而，在评价“解释学循环”时，我们似乎已经假定了科学性和客观性，这就像一枚硬币的两面一样，因而我们对这一循环的评价只是这一假定的延续。也可以说，如果我们否定了科学性和客观性当中的任何一个，另一个也就不复存在了。另外，尽管这一批判对科学方法论带来了灾难性的后果，可是它却几乎毫发无损地保留了人们对于科学实践的一般性认识。事实上，自然科学在预测和测量方面的成功仍然可以为科学研究方法的客观性提供强有力的支
6 撑。[19]不过，一方面，我们有充分的证据可以去质疑自然科学是否确实是客观知识的范式；另一方面，我们却又不断地发现自然科学范式的魅力几乎从未受到过侵扰。这种模棱两可的评价深深地影响了社会科学，人们既希望社会科学去模仿“真正的”科学，但是又因为无法描绘出“真正的”科学应该拥有的形象而清醒地意识到，社会科学家是没有条件去实现这个愿望的。

在我看来，这种模棱两可的根源在于对科学范式作用的认可以及这种认可所倡导的规范性态度。我认为，如果要摆脱这种模糊的状况，我们就应该先从自

---

① 指强调个人视角，缺少客观意义和逻辑。——译者注

然科学和社会科学的比较中考察“*什么该去模仿什么*”这一问题入手。这样做意味着我们要为这个问题寻找一个可能的答案，并且要从两个层次上给出这个答案。在一个层次上，我们应当使人们了解社会科学客观性讨论中通常采用的科学模型，而在另一个层次上，我们要考虑什么样的知识模型与社会科学研究的关系最为密切。关于这两个层次的研究在过往社会科学哲学的文献中都有论述。

第二节　社会科学的科学模型

就问题的第一个层次而言，科学的范式模型（paradigmatic model）长期以来都是*实证主义的*。当前，实证主义已经是一个被滥用的词汇，不仅存在大量不同种类的实证主义，而且并不是所有贴着“实证主义”标签的命题都具有相同的特点。比如，实证主义常常被误认为等同于经验主义。[20]然而，众多被贴上实证主义标签的方法背后都有着一个共同的内核。这个词汇的词源也许能为我们深入理解该词提供一些帮助。法语词“*positif*”的意思是“基于事实或经验”。这个词曾被奥古斯托·孔德（Auguste Comte）及在他之前的圣西门（Saint-Simon）用于指称人类知识经由原始阶段（即“神学”阶段和“形而上学”阶段）发展而来的“科学”阶段。[21]在科学或者“实证”阶段，一切客观信息（真正的知识）的唯一来源是人们可以观察到的经验，而这种经验也是唯一一种可以用逻辑和数学的方式来进行处理的，并且是可以用科学来测量和预测的经验。当时的科学是关乎事实的，而且是可观察的或可被经验识别的事实。准确表征科学知识对象的真实特征，保证了知识诉求的客观性。科学方法为选择符合事实的信息提供了可靠的指导，并且由此，科学方法进入了客观知识的 7
领域，从而促进了准确表征的实现。选择客观知识意味着除去了所有被认为对完全真实的知识有干扰作用的因素（诸如价值观、语境特征和人为因素等）。

在这个图景中，如果科学是最高层次的（或发展程度最高的）知识，那么实证主义哲学必然会促使科学态度和科学方法进入所有那些它们尚未普及的研究领域。在孔德的时代，科学方法业已被用于数学、天文学和物理学等成熟的学科，但仍未被用于政治学、伦理学和经济学的研究。孔德认为，这正是这些学科看起来充满偏见和迷信的原因。实证主义哲学的任务就是要去把每门学科的所有研究结果全部统一起来，并综合运用这些研究结果去创立一门真正的社会科学——一门被孔德称作“社会物理学”或“社会学”的科学。

孔德的观点得到了在英吉利海峡另一端的约翰·穆勒（J. S. Mill）的支持。[22]穆勒将其有关社会问题的著作《逻辑体系》当中的部分章节命名为“道德科学的逻辑”。他似乎很自信地认为，可以用逻辑的和科学的方法对个体行为和社会行为领域加以研究。然而，穆勒的这种自信并不意味着该研究领域已经具有其自身的逻辑：他认为如果我们要用逻辑的、科学的方法从事社会领域的研究，那么我们就应该使用归纳法并且必须发现经验规律。与孔德类似，穆勒推荐使用的方法和逻辑与自然科学所使用的方法和逻辑如出一辙。[23]

为了说明科学方法是如何被应用于社会科学的，迪尔凯姆（Émile Durkheim）的《社会学方法的规则》也许就是一个最著名的例子。孔德和穆勒认为一门社会科学应该采用与自然科学相同的方法，在此规定基础上，迪尔凯姆制定了一套详细的方法论策略来实现这一目标。[24]首先，社会学方法的“规则”（rules）应该有助于人们将社会现象认定为真实的指称对象（就像自然事实一样）。这意味着要消除所有那些被认为对这种事实认定有干扰作用的因素，包括评价、个体因素、意识形态投射（ideological projection）和主观观念（ideas）等。在社会学方法规则的基础上，我们就不会把对事物的看法（精神投射）误认为是真实的“事物”。其次，正如社会学方法规则所规定的，人们会像分析自然“事实”那样，运用同样的方法对这些被确认了的社会事实进行社会分析。按照实证主义的方式，这就意味着诸如测量、经受检验（testing）、统计分析和律则（nomological）说明等研究程序都可以用于解释社会事实，而这些研究程序的使用反过来表明社会学研究中体现了足够的客观性。

8 然而，正如我在前面所提到的，回顾科学方法在社会科学研究领域中的推广过程，我们可以发现其中存在很多的非难，而这可能恰恰说明了科学方法的推广未被证明是完全合理的。以迪尔凯姆的观点为例，如果社会科学遵循了科学方法，那么社会领域中的很多重要研究将会被忽略掉，甚至会被彻底排除在研究范围之外。真实的人将被个体分类所取代，真实的活动也将被人的行动（actions）和经常性行为的分类所代替。这是因为抽象的分类更易于修改，能够更好的与经验检验、统计分析和类似于规律的概括（即“科学”程序）相符合。社会科学更加专注于把社会现象变成像自然事实（natural fact）一样的、*事实性的/经验性的*事件，而不去探索这些事件中特定的社会属性。迪尔凯姆针对自杀现象的研究[25]就很好地说明了上述观点。他在这项研究中为我们解释了自杀行为的“发生概率”，我们将在后文中对此展开更加详细的讨论。

社会科学文献由于采用了一种不同的方法论策略，因而发展出了另外一种趋势。研究者没有为了拯救客观知识或科学知识的实证主义属性而去排除可能的干扰因素；相反，他们尝试着将这些因素纳入进来，并把它们用于社会研究及对社会研究方法和成果的描述中。然而，要展开这样一场“救援行动”，我们就需要先修改认识论图景的一些基本特征，然后才能在这种认识论图景的基础上对这些因素进行评价。换句话说，我们可以把实证主义语境中被认为具有“干扰作用”的因素和语境区分开，使这些因素失去这个消极内涵，进而获取新的含义。长期以来，人们提出种种理由，认为客观知识范式不适用于社会科学，但是现在，我们能凭借这些理由重新思考上述范式错误地蕴含了什么，而在与“客观的”社会科学研究相关的分析中，我们又应该认可什么。

第三节　社会科学的知识模型

我们接下来探讨自然科学与社会科学比较中的第二个层次，即如何确定什么样的知识模型最适合于社会科学研究。价值观、语境和建构等因素是通过什么方式被纳入社会科学知识模型中的，而不是从这一模型的“客观性”中被剔除出去。在某些文献中，研究者就是通过确立这种纳入方式来探讨什么样的知识模型才是最适合于社会科学研究的。换句话说，人们试着去发现具备下列形 9
式的观点能否被验证是有效的：

（1）*如果*价值观/建构/语境是社会科学知识诉求的一部分，

（2）*那么*对于社会科学中可能存在的客观诉求，这些价值观/建构/语境本身就应该可以为我们的这种看法提供根据。

比如，韦伯（Max Weber）和缪尔达尔（Karl Myrdal）已经注意到了这个替代性策略的一些可能的好处。他们认为，价值观在社会科学研究中的角色和定位不同于它们的惯用意义。韦伯认为，价值观在我们选择研究对象时发挥了一定的作用。他指出，我们所说的“现实”是由无数个现象及这些现象的特征所组成的。当我们从事科学研究时，我们只是从中选取了我们感兴趣的一些现象和/或特征。在做出这一选择时，我们不能依赖于严格的标准。相反，我们只能运用我们的价值观，因为价值观不仅赋予了研究*对象*以意义，也反映了我们的研究兴趣。换句话说，这些价值观使得（按照某些选定特征组织起来的）某些现象成为与我们研究*相关*的“对象”。[26] 但是，在韦伯看来，一旦这些研究对象被确定之后，价值观将不再发挥任何作用，而社会科学研究将按照经验的、因果的和律则的方式展开。[27] 对于缪尔达尔而言，价值观渗透到了社会科学研究的方方面面。他的观点比韦伯更加激进。他认为价值观在不知不觉中渗入研究的各个阶段，从一开始的假设到最终的结论都可以找到价值观的影子。因此，明确价值观，进而揭示它们对于研究成果的影响，以及分析它们在获得这些研究成果过程中所发挥的作用是至关重要的。因为研究成果的取得需要一定的条件，而我们正是借助于价值观才能够意识到这些条件的存在，通过这种方式，价值观为社会科学研究发挥了建设性作用。[28] 缪尔达尔进一步指出，我们不仅要在选择价值观这一前提时要慎之又慎，而且要在设计我们的研究时把价值观置于“*有利的战略*地位”[29]。

虽然韦伯和缪尔达尔的观点都没有摆脱事实-价值观区分这一魔咒的困扰，并且都渴望保持社会科学研究在事实上的完整性，但是我们仍然非常有兴趣在此对价值观进行讨论，因为承认价值观的存在，标志着我们不再像以前那样把认识论图景作为实证主义科学模型的基础。首先，这两种观点否定了我们所指的社会科学研究“对象”是（必须是）事实性的这一观点。社会研究对象只是由一系列条件、知识范畴或评价前提（evaluational premise）等确定的一种特定的知识对象。[30] 其次，社会研究对象对价值观的含义进行了重新分类，校正（amend）了价值观的作用。并非所有的价值观都是一样的（如主观的、毫无根据的观念）；并非所有的价值观都是偏见；并非所有的偏见对于科学研
10 究的开展和评价都是有害的。一方面，韦伯不仅把我们的偏见与整个社会共同的文化价值观分开，而且还区分了价值判断和价值关联。价值判断是一种思想

上根深蒂固的、有可能歪曲事实的实践，而价值关联是一种有认识论价值的、经过验证的策略，可以赋予研究对象以意义。[31]另一方面，缪尔达尔指出了事实和价值观之间的建设性关系，并且，他还通过质疑取得社会科学研究成果所需的条件（部分是事实性的条件，部分是评价性的条件）来敦促我们重新思考社会研究中客观性的意义。他认为，“偏见”只是隐匿的价值评判（valuations）带来的不幸后果。[32]

这两个建议在近期都获得了很大的发展。例如，一些女性主义认识论者认为，无论在自然科学还是在社会科学中，如果我们想更充分、更完整地理解客观性的含义，那么我们应将主观证据纳入进来。另外，对“客观性”构成成分的充分评估（assessment）也有赖于来自主观上的证据。[33]与客观知识不包含价值观这一观点相反，如果任何一个理论、说明和研究模式把主观因素都排除在外，那么它就不是完全的“客观”。如果客观性是建立在严格区分事实和价值观这一基础之上的，那么客观性的最大化就无法实现。[34]首先，这一观点并没有体现出其所承诺的客观性。虽然这种观点主张运用各种技巧来消除研究结果中的价值观，但与此同时，研究人员在从事科学研究活动中对某种特定方法的选择就包含了一些价值观，而在监控价值观对科学研究过程可能带来影响这一方面，这种主张的效果并不好。其次，这一观点体现了很强的随意性，将所有价值观（兴趣和欲望等）都拒之于千里之外，而没有考虑到并不是所有的价值观都是相同的，也并不是所有的价值观对研究结果都是同样有害的。例如，有的价值观对于“协调”主观证据和科学研究结果发挥了非常关键的作用。正如海伦·朗基诺（Helen Longino）所认为的，“基于语境的背景假定，对于确证和发现科研成果有着一定的作用，因此‘科学研究’……至少在原则上体现了各种价值观和兴趣点，尽管这些价值观和兴趣点从表面上看起来并不属于科学研究的内容”[35]。不同类型的价值观会以不同方式在不同层次上影响科学数据的描述和解释，根据朗基诺的观点，区分这些价值观及它们的方式和层次是至关重要的。她认为，科学知识和*文化/社会*价值观之间的相互作用可以产出丰硕的成果，从而证明*文化/社会*价值观在塑造科学知识的过程中发挥了特定的作用。这些价值观对于限制偏见的肆意传播也有着很重要的作用。[36]然而，要理解这个作用，我们有必要换个角度来思考科学知识是什么和科学知识如何

才能被认为是“客观的”这两个问题。朗基诺的观点是，科学知识是社会知识
11 的一种形式，因而按照这一观点，客观性就变成了“集体实践的一个函数，而不是个体研究人员对待他们的研究材料的一种态度或是一种表征与被表征的关系”[37]。我们在这里提到集体实践不仅仅是为了从原则上摒除下面这个看法，即将主观假定纳入知识诉求的同时也会把随意性要素引入知识诉求之中。主观经验在特定的集体及集体所从属的更宏大的社会背景中发挥作用时，需要经历严苛的审查，而且还要受到社会和不同主体的控制。

接下来，针对强语境论观点的怀疑论推论（sceptical consequences），我们需要重新评价语境的作用。我们知道，只有在语境或背景被当作知识“界限”这一假定成立的情况下，这些观点才能站得住脚。在这里，语境或背景干扰、约束或阻碍了客观知识内容或知识结果的获取。然而，这并不是知识“界限”的唯一含义。例如，博曼（James Bohman）就曾针对语境的作用提出了一种不同的评价方式。[38]他认为语境还可以通过作为“能动条件”来限制知识诉求。为了说明他的观点，博曼使用了一个类比。比较两个讲外语的人，其中一个人可以把外语讲得很流利，另一个人却要用短语手册。后一个人所能表达和理解的事物在数量上是“有限的”，而前一个人就不存在这样的问题。从某种意义上说，这本手册决定了使用人的表达和解释条件。这些条件是具体而明确的（这些条件指的是说话者讲话所依据的特定的观念和技能）。流畅说话者的条件是多变的、可修改的和能动的。这些条件是正式的（formal）和一般性的（它们是从具体情况中提取出来的，能够以反射的方式被转移到其他尚未被探索的可能事件中）。那些具体而明确的条件只是告诉我们，说话者正在使用一门特定的语言，但这些条件本身并未告诉我们如果说话者要想“流利地”使用这门语言需要做到些什么。

与此类似，虽然语境毫无疑问是知识获取的一个限定因素，但是语境本身并没有强大到能限制人类的认知。另外，从原则上来说，语境的这种限定作用并未阻止人们在某种程度上脱离一般语境而对解释内容进行评价。这意味着语境的限定作用或许可以让新的知识崭露头角，而这一点未必要按照这些限定条件来进行判断。民族志研究这个例子就很好地说明了，虽然一些带有社会争议性的描述范畴“限定”了关于其他类型生活的知识，但是这些知识不仅是可能

存在的，而且是能动的，并且它们的使用也是由这些描述范畴所推动的，这一点我将在后文做进一步检查（examine）。[39] 另外，对于由此获得评价知识的语 12
境标准，其本身可能也需要另外的标准来进行评价（evaluation），之所以这样设定，是因为这样做便于“理解我们是如何认识我们自己也理解不了的东西的”[40]。

因此，我们必须保留某种形式的语境论，但这种形式的语境论并不能使我们去怀疑知识。[41] 特别需要指出的是，这并不是说这种语境论就认为客观知识（实证主义意义上的）的唯一替代物是语境不确定性。为了避免这种无效的替换，我们需要再次回到客观性含义这个问题上，并对它加以修正。博曼使用了“反身性裁定”（reflective adjudication）[42] 这一表达来指称一种“有条件的”客观性。如果语境知识“能够由不同主体相互授权并且可由公众裁定”，那么它就是“客观的”。[43]“假设”和“条件”通过共同作用使语境知识成为可能，如果它们是由公众和社会决定的，那么以认知规范为指导的针对这些条件和假设的检验（test）也应是由公众和社会所决定的。

最后，针对客观事实不能由社会建构而形成的这一观点，有人指出：第一，当我们说事实 X 是建构的，关键在于理解我们所指称的事实是什么；第二，对于特定类别的事实，关键在于探究这一事实是如何被建构的。对于第一点，我们应该承认，自然科学和社会科学领域中的对象是按照某些条件分类的，并且这些分类（或类型）实际上是社会建构的。至于第二点，我们必须要看到，自然分类和人为分类的建构方法是不同的。例如，夸克和儿童电视观众（及罪犯、女难民等）之间就有很大的区别。[44] 对于哈金（Hacking）而言，虽然我们对夸克的描述和认识会对它们有一定的影响，但是，夸克按照其固有的方式运动却并不是因为它们意识到了我们对它们的描述和认识。我们把夸克称作“夸克”或者其他名称，对夸克而言没有任何区别，从这个意义上来说，夸克这个‘分类’是中立的。[45] 传统自然科学研究的就是“中立的分类”：一定程度上，这些分类是“静态的对象”——当然，这并不意味着它们就是被动的。当人们作用于这些分类时，其中相当大一部分会表现得非同寻常。[46] 但是，这些分类并不知道它们有如此这般的表现，并且它们之所以有这样的表现与我们对它们的分类方式无关。

在社会研究领域之中，情况似乎有些不同。在社会研究领域内，人们总是“根据他人的描述”而行动，总是根据周围人的描述在世界中体验自己。也就是说，人们把自己理解成某个种类的人。由于这个原因，人们的类型是“相互作用的类型”。[47] 因此，当人成为一门社会科学的研究对象时，人会按照这门科学对他的分类与研究者进行互动，并相应地（或对比地）重新思考他自身所感知的类型。当我们对人进行分类时，会出现反馈或者“循环”效应，其中“人对自我感知的了解会发挥很大的作用”。[48] 人的*类型*是可以改变的，因为被划
13 分为某种类型的人自己可能会由于这种分类而改变其行为，进而改变其原有的类型。可以这么说，社会科学研究的目标指称是在不断变化的。相互作用代表了一种主动的、双向的关系，而这种关系似乎非常适合于同时容纳“行动者、主体和行动”（actors、agency and actions）。换句话说，如果行动者按照他们所属的类型被对待和制度化，并且用这种方式来体验自我，那么这就是在提醒我们要注意到：行动者自己可能已经意识到他们所属的类型了。[49]

哈金还提醒我们，社会科学常常被迫去仿效自然科学，并去“生产各种类型的真实自然人”。尽管这种认识论图景在社会科学研究领域被证明是不恰当的，但是，社会科学必须认可某种认识论图景（即存在一个可以被找到的对象，它不仅具有恰当的类型，即符合自然的类型，而且还要具有稳定性 [50]），才能使这种情况成为可能。这并不是说社会科学研究的“类型”永远不可能是“中立的”。例如，我们在对一个自闭症患儿进行分类时，既可以通过人与人之间的相互作用对他进行分类，也可以用中立的方式对他进行分类。也就是说，某些个体之所以被划入某一类型是因为他们是处于某种病态，社会分类并没有把这种可能性排除在外。不过，这就意味着，如果社会本体论完全依赖于中立的分类，那么它将无法用于分类研究。最重要的一点是，社会科学分类使我们对下面这个问题进行反思：在社会“建构”的某些特定例子中，分类对象和分类本身是如何联系的，又是如何相辅相成的。

所有这些观点似乎都表明，在社会科学研究中，如果我们把所谓的干扰因素都纳入进来，那么我们并不会因此而远离客观性。相反，这样一种做法只是要求我们在谈及我们的研究、观念和描述等客观性问题时，要审查和确认所需的各种条件。我认为实现这一想法有两种途径：其一，我们可以从上文观点中

得知，我们有必要重新考察某些基本的认识论词汇；其二，按照这个思路，我们必须重新评价客观性的真实概念。如果“价值观”“语境”和“建构”不等同于“偏见”“约束”和“虚构”，那么从原则上来说，没有什么可以阻止客观性的概念变得价值敏感和语境敏感。没有什么能够阻止我们去深入思考社会科学研究应“建构”什么样的对象，同时，社会科学研究又应对哪些对象秉持客观的态度。另外，我认为这种思考似乎也是非常有必要的。

第四节　社会科学的对象模型

部分哲学社会科学文献对社会科学研究对象的模型设定表现出了特殊的兴趣，这里所说的对象就是社会科学家试图去认识的事物。有人认为，适合社会科学对象的研究类型取决于这项研究对象的类型。特别的一点是，这些对象 14
*不同于*自然对象，因此，如果我们想了解这些对象的类型，就需要有更多的描述规则和描述分类，或者有特定的分析程序。我们可以在不同的科学模型语境中找到这些规则、分类和程序，也可以在与之前截然不同的社会科学模型的语境中找到它们。

很多人曾使用科学术语探讨社会科学对象的特殊性。这其中，我们不得不提到批判实在论者。他们中的大多数人都受到了罗伊·巴斯卡（Roy Bhaskar）的观点和论述的启发[51]，承认社会科学研究对象与自然科学研究对象之间有本体论上的差别，并以此来维护社会科学研究对象的特殊性。然而，虽然社会科学研究对象不同于自然科学研究对象，而且其特征也不同于自然科学研究对象，但是人们仍然使用自然科学方法去对待社会对象。只是我们再也不能把社会对象当作*实证主义的*科学对象了。事实上，批判实在论者认为，自然科学对象和社会科学对象之间唯一相关的比较，必须要在科学对象的实在论模型基础上展开。在这个模型中，科学对象在本体上是“不及物的”（独立于我们的知识和研究方法而存在），也是无法观察到的（我们只能用生成机制或生成结构去设想它们的存在，而凭借经验获得的、可以观察到的现象仅仅是这些机制或结构的表现形式）。在这一模型中，自然科学对象和社会科学对象之间的区别在于它们对于知识和研究的依赖程度不同：自然科学对象是完全依赖，而社会科学对象则是部分依赖。

巴斯卡提到的社会科学对象的部分依赖性有多种不同表现形式。不同于自然科学对象，社会科学对象不能脱离他们所约束的活动而独立存在，而且从经验的角度来讲，它们也不能脱离这些活动而被单独确定。例如，婚姻就无法脱离人们结婚这一实践而存在。另外，不同于自然科学对象，社会科学对象无法脱离行动者对于其所从事活动的认知而存在。婚姻存在的原因在于，人们相信某种形式的叫作“婚姻”的制度，并且人们还相信，如果在某个社会认可的场合来宣布某些话，两个人就“结婚”了，“婚姻”从而成了实在。这也意味着社会科学对象在与主体有关的经历中被“概念化”了[52]，并且由于人们的概念有着漫长的历史，这些对象并不是一成不变的。例如，和其他制度一样，婚姻制度也会随着时间而改变。最后一点，也是更为一般的情况是，人们认为社会科学不同于自然科学，社会科学“内在于”研究内容（subject matters）之中，从这个意义上说，社会科学是其自身研究领域的一部分。这一点使社会科学分类具有了自我指称性，也使社会科学研究的指称对于其自身的知识生产过程产生了依赖。

不过，社会科学对象对于社会科学知识和社会科学研究的部分依赖只是用来说明社会科学对象具有一种特殊的性质，即社会性，而不是说它们不能构成一类科学对象，更不是说我们不能科学地对待它们。[53]

各类解释主义者使用社会科学对象的这种特殊性质来证明，社会科学的对象是不能用一门“科学”来考察的。解释主义传统尽管有多种形式和观点，但是其思想与最初起源于19世纪德国的人文主义（humanistic）传统和历史主义传统息息相关。[54] 上述观点在盎格鲁撒克逊传统中有一个名叫彼得·温奇（Peter Winch）的著名追随者。温奇非常强调社会现象不仅是“复杂的”，而且对这种复杂性无法进行科学分析。他明确地反对穆勒的观点。穆勒认为复杂性与干扰因素的*数量*成正比，或者说与某一现象发生和发展所处语境中“局部条件”的数量成正比（定量定义）。[55] 穆勒认为如果没有干扰因素，天气或潮汐（他用它们来类比人类行为）现象本身并不是没有规律的，也不是不可预测的。不过，这些干扰因素的存在并不是说天气或潮汐就不受规律的约束。干扰因素只是一些附加因素，尽管它们给我们的研究造成了影响，或者说导致了复杂性的出现，但是我们必须而且能够运用科学的手段恰当地应对这种复杂性（如使用统计规律等）。因此，这些干扰因素绝不可能是社会现象本身的组成部分。[56]

温奇认为，上述观点也许非常适用于自然现象，但是鉴于社会科学对象的“复杂性”，情况就截然不同了。穆勒所说的局部条件或附加变量实际上等同于（或可以被当成）温奇社会科学观点中社会现象内在的定义特征。复杂性完全不依赖于社会科学研究对象特征的数量，而是取决于这些特征的*类型*，因为这些特征不仅构成了社会科学研究对象，而且还定义了它们的本质。更准确地讲，社会科学研究对象之所以复杂并不是因为它们比自然科学研究对象包含*更多的变量*，而是由于它们包含诸多特点，如概念、价值和规则等，并且这些特点与自然现象的定义和分析无关。因此，温奇最终认为，我们所理解的复杂性事实上接近于*类型的差异*（定性区分）。温奇真正想建立的是社会科学研究对象具有*不可减少的多样性*，而他不断使用复杂性这一概念就是为了实现这一目的。在此基础上（也许显得过于匆忙），温奇得出了如下结论：类型差异包含了“不相容性”，这种观点认为用于说明人类社会的概念图式与说明自然科学的概念图式之间没有任何联系。人类社会这个概念不是一个经验概念，因此我 16
们不能用科学概念的方式对其展开分析。我们应该运用意义、规则和理由而不是事实、规律和原因等概念去理解社会科学研究对象，甚至去理解人类行为和人类行动。[57]

两种观点（实在论者和解释主义者）似乎都符合他们自身的研究规范。为了成为恰当的研究模式，这两种观点都规定了社会科学对象所必须具备的特征。如果社会科学对象可以被看成是科学对象的一个变体，那么我们就可以使用与自然科学相同（或相似）的方法去分析它们。如果社会科学对象不能符合自然科学对象的形式，那么我们就只能排除其他的科学方法而使用解释主义的方法去研究它们了。

我支持这两种观点对科学实证主义图景的批判。事实上，在考察社会科学知识时，为了对客观性的含义形成清晰的认识，寻找到一种方法把客观性同特定“科学的”理想（ideal）或模型区分开就变得很有必要。我也支持这两种观点中提出的社会科学知识对象具有“特殊性”这一看法。我们确实应该把社会科学知识对象的复杂性挑选出来并加以研究。然而，我还有这样一个观点：社会科学实践的语境最终揭示了我们在描述社会科学研究对象与研究方法之间的联系时所应该采取的方式。正是在这样的实践中，我们找到了一类问题，它们不仅为我们指明了研究方向，而且还为我们所寻找的结果提供了一个框架。也正是由于这样的实践，我们才可能不被规范的或范式观点所限制，去重新思考"客观性"的内涵。我认为在我们思考社会科学"应该是"什么之前，我们有必要先考虑社会科学和自然科学"是"什么这一问题。也就是说，我们应该先去描述社会科学，然后再去思考如何去规定社会科学的地位及社会科学知识的"客观"价值。我们不仅应该承认社会科学对象具有多重属性，而且应该认识到我们可以使用很多种思路来探究它的这种属性，但是，如果我们为社会科学对象设定一个科学模型或哲学模型，那么我们这样做可能会适得其反。如果我们要认真地对待社会科学研究对象的"复杂性"，我们就应该用尽可能多的描述方法对这个对象进行多样化的描述。

纳尔逊·古德曼（Nelson Goodman）曾提到"关联类型"（relevant kinds）[58]，他使我们注意到我们对各种分类和范畴的选择和组织是一项"创造世界"的活动。他认为，正是这种活动决定了我们所理解的世界。这种活动是如何发生的？
17 根据约翰·塞尔（John Searle）的观点，社会实在中存在一个统一的逻辑，社会（制度的）事实都是建构在这一基础之上的。我们可以用"X 在 C 中是 Y"[59]这个公式来总结这个逻辑。这个公式说明了一个原则，即在某个语境 C 中，某个功能或含义可以被强加到某物 X 上，并且在这个语境中，某物 X 变成了这个功能或含义所代表的事物 Y。[60]这一原则可以作为社会事实的*基本规则*。它使社会对象得以存在，并创造了多种原本不存在而且也不能存在的实体（entities），如货币、财产和政治机构等。塞尔认为接受这个原则或规则并不会使我们屈从于唯名论者或者"社会建构论的"观点。[61]社会*实在*同*社会*实在相比，有着更丰富的内涵。从上文的逻辑公式中我们可以推断出，"当且仅当 X 存在时，Y 才在 C 中存在"。换句话说，在塞尔看来，社会实在可被视为是自然环境（physical environment）的一部分，而社会事实却存在于（广义上的）赤裸裸的事实基础之上。社会世界的本体只是一个一般的、基本本体的一部分，而这个一般的、基本的本体包含了物理要素、化学要素和生物要素，但不能被分解为其中任何一种要素。[62]社会世界的本体只是它所包含的对象被赋予了社会功能和基本含义的结果。赋予社会对象非其固有的功能和含义这一做法是可取的，这是因为：①这种做法是一种集体性的公开行为，塞尔认为这种行为的根源在于人类有合作行为或“集体意向”这一本能；②这种做法得到了集体的认可。回到上文的逻辑公式“X 在 C 中是 Y”，我们现在可以从这个公式中进一步推导出“当且仅当在 C 中，X 才是 Y”这一结论。也就是说，赋予 X 某项功能和/或某种含义这一做法是在一个实践网络中完成的，只有在这一网络内，这种实践才能被理解，并且因得到社会的认可而成功实施。

然而，分类和范畴不仅仅是一个集体共同经验的一部分，它们也能被改变或者创造出来。社会科学就是一个这样的活动。哈金没有去揭示基本的逻辑，而是真实地描述了类型在实践中是如何形成的。通过这种方式，他使我们根据他所提出的相互作用类型这一概念去思考“制定和形成一个类型的各种复杂方法”[63]。类型在“基质”（matrices）中形成，而“基质”又由很多不同种类的要素组成。[64]非常有趣的一点是，在基质的诸多要素中，我们也许还能够找到一些科学概念。但是，如果沿用上文中哈金对各种类型的区分，那么我们的这个发现其实并没有把相互作用的类型转变为中立的类型。[65]在基质的诸多要素中找到一些科学概念这一发现使人们牢记，如果仅凭概念是科学的这一点就去使用这个科学概念，未必会使分类更加客观，而与此同时，这一发现反过来会 18
让人们去质疑这些类型所具备的科学本质。这也意味着不存在分类的一般性理论，而有关分类的理论也远不止于此。[66]即使我们接受了统一的分类逻辑，也并不意味着我们可以使用一种分类方法——经验的、概念的或者是批判实在论的方法——来捕捉“复杂的”社会科学研究对象。在社会科学中，（自然主义所规定的）方法论统一和（反自然主义或解释主义）方法论不兼容二者似乎都错了。或者至少从更加谨慎的角度来看，我们也许可以提出这样一个观点，即在做任何规范性分析之前，我们应该先去描述各个具体案例中复杂对象的各种建构模式。

在接下来的几章中，我将列出并考察一些来自不同社会科学的样本，旨在说明我们所要研究社会科学对象的复杂性是如何给我们提出一系列重要问题的，从而使我们能够思考与这些社会科学对象相关的各种理论和方法的客观性。我们认为社会科学对象具有复杂性，但这并不意味着我们承认这些对象既是自然的，又是解释的（如果是这样的话，我们就可以使用科学的和哲学的方法研究它们了）。更有趣的是，社会科学对象具有多重属性这一看法，使我们能够从各种层次和/或角度来探察和分析这些对象。换句话说，考虑到要更加*全面地*描述社会科学对象的属性，我们要做的绝不仅仅是把自然特征和解释特征*结合*起来。我们需要了解我们应该在什么层次上及从什么角度来对社会科学对象提出问题。在这种语境中，试图确立我们所要分析的客观性在一定程度上取决于问题的内容是什么，问题是如何被提出的，而不取决于我们的分析是否能够按照一些预设的规则来表征、复制或者对应一个被独立确定的对象。基质不等同于全面的描述。

那么，在分析这些复杂对象时，追逐“客观性”有意义吗？当我们只能“部分地”阐述我们的研究对象时，我们可以说我们能对它们进行客观的分析（包括理论、说明和分类）吗？作为对这些问题的初步解答，我们应该先考察“客观的”这个词的含义。客观性这一概念具有漫长的历史，其间它的含义和价值发生了很大的变化。[67]特别需要指出的是，现代的客观性是一个“多层”概念，由很多截然不同的成分构成，而每一个成分又有着各自的历史和概念上的某种特殊的同一性（specific identity）。[68]如果用社会建构论的语言来描述，“客观性”本身就是一个社会建构的观点，因而它的含义也并非是一成不变的。不过，虽
19 然客观性是这样一种建构，并且它的含义也可以在不同的语境或情形下经由多种方式进行建构，但是我们仍企图能够使用客观性这个观点。比如，我们至少能够根据客观性的一个或几个含义去评价一个分类是否是“客观的”或者这个分类是否可以被“客观地”分析。这就使我们回到了之前尚未解决的一些问题，诸如在特定的情况下，我们想使用客观性的哪种含义，或者为什么一个含义而不是另一个含义看起来是更适合的或者是最适合的，等等。在本书的导论中，我介绍了两种选择，分别代表了两种截然不同的观点。

第一种选择是先从自然科学研究领域中“借”一个客观性的含义，即对象和分类之间完美的或最适合的关系（一种外延关系），然后把这个含义应用到社会科学中。我在上文中已经说明了不要过分相信这一策略的原因，至少在社会科学中是行不通的。第二种选择则是基于一个不同的策略和思路。我们这里不是要问（或者也许不仅仅要问）是否存在一类适合某个分类的对象，而是要

问我们对一种分类的理解能否使得一类对象通过这种分类方式而变得很容易识别（内涵式的）。我发现第二个选择更为有效，本书的部分目的就在于解释为什么要这样做。在此，对于我们即将要在后文中探讨的话题，我先做一个简单的概述，旨在澄清本书中有关客观性的讨论中“对象”这个术语的含义。

“对象”一词在日常生活中的意思相当于“物体”，不过“对象”这个词还是一个哲学词汇，只不过历史不长罢了。“对象”一词有“客体”的意思，表示与主体的分离或者对立，哲学发展到了现代哲学时期，从“客体”这个含义衍生出了“客观的”这个内涵，用于表达某种事态的属性或用于指称所有能够忠实地复制这一状态的活动。[69]特别需要指出的是，在现代哲学中，对象这个含义只在对比的条件下使用：某个客体仅仅对于与之相对的并且能够意识到其存在的某个人（主体）才称得上是对象。用哲学的语言来说就是：处在这样的位置，即能意识到该对象存在的情况下，该主体能够“认识”这个对象，即认识到这个对象是他物，或是与之分离的，并且认识到他物为何物。众所周知，现代哲学苦苦思索的问题是，主体为获得真实可靠的对象知识所用的诸工具［理念（ideas）①、表征等］何以可靠。康德（I. Kant）提供的说法是一个有趣的扭转（twist）②，他让我们反思如下事实：为了让我们自己易于了解对象，对象并不先在于我们特定的、连续的构造组织它们的能力。这并不是说，对象（=事物）仅是理念，此处对象的意思中假定了规定性的（或结构的）心灵。知识对象的产生是就其形式而言的，并不考虑其实在。虽然对于这些形式的认识论评价经历了很多变化[70]，但是用来确认康德式研究“对象”的底层认识论框 20
架基本上是保持不变的。对象不是在本体论意义上“赋予的”；相反，它们在知性（intellect）提供的概念形式下（或者从现代社会科学的评价标准来看，由于对象的分类是文化敏感的，所以对象才“可能”存在）才成为“可能”。这些形式，而不是经验*本身*，是客观知识的必要条件。从根本上说，在康德式的语境中，“客观的”不再意味着“一个外在于心灵的既定对象与心灵相符合”。相反，“客观的”意味着依据知性的规则（或社会共同体的及其认识标准的规

① 出于语境的考虑，此处的 ideas 译为理念。——译者注

② 这里是扭转一个方向的意思，暗指康德的“哥白尼式的转向”，实际是颠倒了现代哲学的追问方向。康德强调，从自我的本质去了解事物的本质。简言之，心灵构造外物，而不是心灵反映外物。严格说来就是理性构造了自然事物和社会事物。——译者注

则）建构于外部世界，如此才允许对象的组建。知识是客观的，不是因为它产生了完美的（最好的）经验对象的表征，而是因为它揭示了组建经验对象（=来源于经验的对象）的诸条件。

那么，“对象”这个术语的含义，与理解社会科学领域内如何设计客观性问题的第二种选择有着怎样的联系？之所以社会领域［人、行为、行动（actions）］中的各种现象变为社会科学研究的“对象”，是因为人们在特定的语境中，依据一些描述性的条件进行了分类。根据上述的第二种选择，社会科学研究中关于客观性的论述都应从研究这种转变的方式着手。现实世界中没有被当作“一类”个体的“儿童电视观众”，只有看电视的儿童。这种分类或者类型把看电视的儿童从一系列具有相似行为方式的人群中挑选出来，并把这些儿童转变为一个特定的分析对象。为了找到一种可以替代方法论里“无科学，不客观”的规定，我们必须先从理解社会科学研究对象分类的建构程序开始，包括经验的和概念的建构程序。在接下来的章节中，我将对各种精彩纷呈的对象展开分析。

第一章 人类学对象

第一节　从实证主义到解释主义

人类学与社会学同时兴起于 19 世纪，当时，实证主义和进化论在学术界占据了主导地位。在进化论的影响下，19 世纪上半叶的考古发现被用来证明古代欧洲人原始的生活条件应该与我们同时代所谓“野蛮人”的生活条件类似。因此，这些“野蛮人”被认为是最后的幸存者，代表了人类发展的远古阶段。原始阶段后来不断被其他更高级的阶段所替代，最终定格在了维多利亚时代的文明人。这个时期的人也被当作*实证主义*最后进化阶段的代表。

受实证主义的影响，在分析人类社会不同发展阶段所表现出的多样性及特定文化和社会的多样性时，我们常常会用到比较法（comparative method）。考虑到文化和社会都是在同一个宏大的进化图景中展开的，我们可以通过对它们的描述，找到那些相似的特点和条件，并用一般规律对这些特点和条件加以系统化。例如，1871 年，英国人类学家爱德华・泰勒（Edward Tylor）提出一个具有进化论特征和普遍特征的文化理论。他将文化定义为“复杂的整体，它包括知识、信仰、艺术、道德、法律、风俗以及其他作为社会一分子所习得的任何才能与习惯”。[1]考虑到每个民族都有他们各自的文化，因而所有社会的文化制度都可以用来进行比较。我们从这个比较中发现人类/社会发展的普遍规律，并且可以运用这些规律来评判社会文明的发展阶段。进化论为这种文化分析的方法提供了一个基本的比较模型：欧洲人。

从这个角度来看，对特定社会和文化所作的描述对概括这些社会和文化的发展规律有很大的促进作用，另外，收集和整理不同社会的“事实”或数据的具体程序也从未受到过质疑。就像对于任何一门概括性的科学而言，描述阶段
22 仅仅是用于“给出事实”，而比较法就是要去解释这些“事实”。这一观点最终导致了人类学和民族志之间的一次非常关键而且意义重大的分裂。人类学是一门真正的概括性学科，而民族志只是数据收集的准备阶段，从属于理论-科学阶段（比较和概括就是在这个阶段中开展的）。从某种意义上说，民族志并不能算是人类学的一个分支。19 世纪末 20 世纪初最显赫的人类学家[2]都是“扶手椅上的人类学家”。之所以这么称呼他们，是因为他们从不去野外考察，只是阅读来自各种渠道的有关人类学的材料，包括日记、信件，甚至探险家、士兵、传教士和自然科学家的旅行记录。所有这些人类学家都不会真的去质疑这些材料中的事实是如何被收集或记录的。

受马林诺夫斯基（B. Malinowski）影响，新一代的人类学家对“扶手椅上的人类学家”进行了猛烈的批判。进入 20 世纪以后，人类学家被鼓励去采取一种“参与性观察者”的态度。他们离开了扶手椅，走到了田野中，亲自去收集数据。然而，有趣的一点是，这种新的人类学研究方法仍然受到了实证主义的影响。实证主义认为，数据就在“外面”、在田野中，等待着人们去观察、记录和归类，最后它们将与用类似方法收集的其他数据进行比较。我这样说的证据是比较法仍被这一代的人类学家当作一种可行的方法。人类学家认为比较法就相当于自然科学中的实验法[3]，田野调查就像科学实验室，他们可以从中收集和测试数据。

> 为了变得更具有科学的特征，实证主义人类学忙于构思如何概括他们收集到的数据并对概括的结果进行测试，这使得比较成了实证主义人类学研究的焦点。比较问题几乎成为方法论探讨中唯一的问题。……所有实证主义人类学比较研究的最终目的无外乎是建立可以定义的变量并把这些变量联系起来，但是这些变量本身几乎就被视为是确定不变的。它们……都被当作是客观存在的社会和文化实在对象化的表现或者形式。[4]

为了理解人类学学科内部研究范式最近发生的剧烈变化，我们需要清楚地知道描述在实证主义人类学中起到了什么作用，民族志又在其中发挥了什么样的功能。在新的范式中，真实描述这一概念受到了研究者的密切关注。在田野调查中记录数据并运用人类学报告（anthropological report）组织数据的活 23
动——一言以蔽之，民族志——成为人类学家考虑的一个关键问题。[5] 因而，民族志研究在当时被视为人类学研究理论负载的平台，不仅影响而且促成了人类学知识最终产生的方式。然而，正如我们将要看到的，这次范式转换的一个重要后果就是否认了人类学能够成为自然科学那样的一门科学这一看法。

使用这种新范式进行人类学研究的一个典型例子是克利福德·格尔茨（Clifford Geertz）的“解释方法”。[6]格尔茨在《文化的解释》一书的开头写道：

> 如果你想理解科学是什么，那么你不应该先看它的理论和发现，当然也不要看这门学科的支持者说了些什么，而是应该先看看它的实践者做了些什么。[7]

在人类学（社会人类学）中，实践者所从事的实践就是民族志。对于格尔茨而言，理解实践*民族志*的内涵就是要把民族志理解成为一种活动，而不是一种方法。为了说明民族志是一种什么样的智力活动，格尔茨借用了由赖尔（G.Ryle）最先提出的“深度描写”和“浅层描写”之间的区别。[8]赖尔曾指出，我们无法仅凭观察来区分抽搐和眨眼，因为在观察这个层面上，这两个动作都可以被看作是脸部肌肉的收缩（浅层描写）。为了“看出来”眨眼是一个故意的脸部肌肉收缩动作（眨眼的人试图进行交流，发出来一条信息），我们应该在探讨各种可能的描述之后，为我们所观察的现象提出一个解释（深度描写）。

格尔茨认为同样的区别也适用于人类学对象。人类行为是复杂的、有层次的，常常难以捉摸，并且“可能会有很多种解释”。民族志研究者如果想要理解人类行为，他就必须采用赖尔提出的“深度描写”策略，或者用——按照格尔茨的说法——文本解释。

> 从建构论的角度来看，从事民族志研究就像在阅读（从“建构阅读”的意义上来说的）一份手稿。这是一份陌生的手稿，纸张已经泛黄，字迹也已褪色，到处都是省略号和不连贯的句子。注解让人将信将疑，评论也

> 带有明显的倾向性，没有惯用的语句，只有一个个让人难以捉摸的有关人们行为的例子。[9]

民族志的这种观点与传统的实证主义人类学观点是截然相反的，按照实证主义人类学观点，民族志研究者只是去“观察、记录和分析”[10]。民族志其实并不是这样的，相反，它本质上是一个解释活动：需要人们去“阅读”社会事
24 件。虽然社会事件的确被记录在各种文献中，但是民族志的记录是对这些事件象征意义的“深度”描写。为了解释社会事件，人类学家并不需要成为一个当地人或者去模仿当地人。格尔茨说，只有恋人或间谍才会觉得这样做有意义。相反，人类学家应该尝试与当地人*对话*。人类学“文本”因而不能再被看作是单纯的观察结果，而是人类学家与当地人之间对话的结果。

在这个对话中，人类学家必须运用他所处文化中的含义，去*翻译*另一种文化中的人们是如何理解自我及其所作所为的。这就是为什么格尔茨最终会认为人类学在本质上是解释性的，或者说是“一种对理解的解读”（an understanding of understanding）：

> 它（人类学是解释性的）的意思是，鉴于柏柏尔人、犹太人和法国人根据他们的生活经历形成了各种建构，即他们用来定义生活境遇的规则，那么我们对柏柏尔文化、犹太文化和法国文化的描述就一定反映了我们对这些建构的想象。这并不意味着这些描述本身就是柏柏尔文化、犹太文化或法国文化——这些文化只是部分地反映了它们表面上所描述的实在；这些描述是人类学的描述——是科学分析体系不断发展的一部分。[11]

格尔茨在他后来的一本书中写道，人类学家对另一种文化的描述方式更接近于文艺批评家对一首诗歌的批评，而不像宇航员对一颗恒星的记录。[12] 人类学家把一个人类学事件（实践、行为）当作“一个文本”，就是用连贯的建构来呈现这个事件。这种建构不是已经存在的，因而不可以被直接用来观察事件；相反，它需要人类学家先去发明一种形式、一个秩序或者一个意义框架。于是，格尔茨认为，人类学著作就像小说，但是，他紧接着又特别指出，这里的“小说”并不意味着虚假或者不符合事实，而应按照 fictio 这一拉丁词的意思来解释，即“人造的东西”“被塑造的东西”。[13] 比如，格尔茨使用“剧场”这个隐

喻来分析 19 世纪巴厘岛的社会组织形式：巴厘岛的生活被看作是一部程式化的社会戏剧，那里的人们只有公共的身份。这个例子说明了人类学家是如何通过自己的词汇，以及意义体系来对外邦人行为上的“逻辑”进行描述的。换句话说，发现或者建构这样一个逻辑就是“尝试着去理解我们自己理解力之外的理解”（an attempt to understand how it is that we understand understandings not our own）。[14]

我们现在也许要问，格尔茨的解释人类学在实践中和原则上是否成功地驳倒了实证主义人类学，而解释人类学最终又为人类学提供了什么样的知识模型。对于我们而言，最重要的一点也许是，我们想知道是否存在这样一种方式， 25
它可以使我们认为“对理解的解读”既是一种客观的研究方法，又是一套可以对外邦人行为进行分类的客观程序。为了解答这个疑问，让我们一起考察格尔茨最著名的案例研究：关于巴厘岛斗鸡的社会文本解释分析。[15]

第二节　人类学对象 I：巴厘岛斗鸡

1958 年 4 月，格尔茨携夫人去巴厘岛的一个村庄进行了一次实地考察。在他们到达那里的十天后，当地广场上演了一场盛大的斗鸡比赛。除非情况特殊，否则斗鸡在巴厘岛是违法的，但是当地村民宁肯冒着被捕的风险也要斗鸡。除了为斗鸡比赛下的巨额赌注之外，巴厘岛居民也十分热衷于这项“运动”，并且表现出了异常坚决和严肃的态度。这说明斗鸡事件中有很多可以“读”出来的内容，而且，格尔茨还认为，斗鸡在这里的意义已经不是一只鸡把另一只鸡啄死这么简单的浅层描述就能反映的了。格尔茨起初作了试探性的假设：在巴厘岛的斗鸡场，虽然表面看起来是两只鸡在斗鸡场里拼命，但实际上是两只鸡的主人在那里战斗。

格尔茨说，男人与公鸡之间的社会和心理关系，对于任何一个在巴厘岛待久了的人来说都是不言而喻的。人们的日常语言充斥着公鸡的形象。例如，公鸡“*Sabung*”一词常被用来比喻“英雄”“勇士”“冠军”“政治候选人”“单身汉”“花花公子”“少女杀手”或者“硬汉”。[16] 男人们每天要花大把的时间和精力来照料这些公鸡。除了给它们喂食、梳理羽毛，他们还对各家的公鸡品头论足，并让它们相互比赛。在巴厘岛的神话中，公鸡象征着“黑暗之神”（Powers of Darkness），象征着那些可以毁灭世界、涂炭生灵的妖魔。也许，斗鸡可以被看作是一种祭祀仪式？格尔茨对于这个解释并不是很满意。接下来，他深入细致地分析了斗鸡场景、参与斗鸡比赛的男人们的行为，以及其中绝大部分的赌博制度。两个斗鸡主人之间的赌约被称作“豪赌”。通常情况下，双方在“豪赌”中的胜算相当，但考虑到当地人的月收入，赌注就显得非常大了。这是否会让人们觉得巴厘岛居民是一帮傻子或者是一群没有理性的家伙呢？格尔茨认为功利的或者理性的选择说明不了这里的情况。斗鸡的目的并不是为了赚钱。相反，恰恰是赌约中这种明显的“理性”缺失使我们对斗鸡的含义做出了进一步的说明。格尔茨借用了边沁（Jeremy Bentham）的“深度游戏”（即一场博弈的赌注过高，任何人参与其中都是不理性的[17]）概念。通过这个概念，
26 他使我们认识到一场斗鸡比赛中暗含着比金钱更重要的东西。男人们在这里赌的是尊严、荣誉和对公鸡主人的尊重：赢得斗鸡比赛就象征着赢得了社会地位。

> 当然，人们所赌的［社会地位］仅仅是象征意义上的，因为没有哪个人的地位会因为一场斗鸡比赛的胜负而发生变化。人们只不过是暂时巩固了自己的社会地位，或者让自己蒙羞。但是，对于一个巴厘岛居民来说，没有什么能够比拐弯抹角地公然羞辱其他人更让人开心的事了，也没有什么比被别人不漏声色地挖苦讽刺更让人痛苦的事了。人们真正在乎的是对斗鸡比赛的评价，而不是比赛本身，这就是斗鸡比赛的“深度”所在。[18]

于是，格尔茨假设，一场斗鸡比赛，或者一场“深度的”斗鸡比赛，“戏剧化地反映了人们对于社会地位的担忧”。[19] 格尔茨认为，从这个意义来说，斗鸡更类似于一种艺术形式。它就像《李尔王》和《罪与罚》等伟大的文学著作一样，可供人们“阅读”，通过描述平日里人们耳熟能详的经历来反映一些别的东西（一种价值观、一种理想（ideal）或是一个目的等）。为了理解这些寻常的经历和人们实践所代表的含义，人类学家需要透过表面现象，探索其背后隐含着的深层含义。

那么，文本研究是否成功地为实证主义人类学提供了另外一种知识模型呢？这些人类学解释是“客观的”吗？在前面的这个例子中，格尔茨对于民族志“文

本”的看法可以为我们认识人类学对象带来一些启示。通过评价这些启示，我们现在就可以尝试着回答上面的第一个问题了。第二个问题将在下一节中讨论。

通过把“文本”作为人类学对象，格尔茨针对人类学对象指出了至少三个重要特征：

> （1）人类学对象是“*有厚度的（thick）*”对象，即复杂的文化形式；
>
> （2）人类学对象是“*有象征意义的*”建构，即有意义的经历；
>
> （3）人类学对象的意义是不同象征系统“*相互作用*”的结果，即“对话”和随后重新阐述的结果。

由于上述特征，如果我们把人类学对象看作文本，那么我们似乎就成功地表达了一种反实证主义人类学的观点。根据这个观点，人类学对象并非是事实，我们不仅无法通过描述来对它们进行分类，而且我们对于这些对象的认识也不可能是逻辑/律则/概括推断的结果。但是，鉴于文本这一观点成功地使人类学对象具备了上述三个特征，我们需要考虑的是这一观点在多大程度上做到了反实证主义。格尔茨对这一问题的探讨是从第三个特征开始的，然而让人意外的是，在描述如何形成人类学文本时，他竟然没有提及人类学文本的语用维度 27
（pragmatic dimension）。事实上，被格尔茨理论化了的对话发生在“*意义系统*”之间。在格尔茨的模型中，当地人（即说出斗鸡真实意义的真实的人）从未在真实的对话场景中以社会演员的形式出现过，没有和他们的意义系统演过对手戏，也没有在他们的意义系统内扮演过角色。人类学家本人也算不上一个合格的说话人，虽然他试图理解这种风俗，但他并没有像演员那样积极地参与其中。格尔茨自己曾承认“我们不是演员，我们没有办法直接接触到［未加工过的社会话语］，只能接触到当地人能够引导我们去理解的一小部分语言”[20]。

当格尔茨谈到与当地人“对话”时，他头脑中设想的是一种理想化的剧本（即意义的对话），因而这场对话真正交流的并不是田野中解释者与当地人之间信息和交际策略。

> 一个民族的文化是文本的总和……人类学家站在这些文本所有者的*肩膀上*竭尽全力去解读它们。[21]（斜体格式由作者蒙图斯基添加）

如果格尔茨的目的是要把他的解释人类学研究作为实证主义人类学研究之外的另一种选择，那么文本研究的这个特点的确是个缺陷。正如德怀尔（K.Dwyer）所指出的[22]，文本研究使得人们重新思考人类学知识，把它看作是主体与客体之间的一种关系。这个主体具备类似于一种方法的东西，而与之相矛盾的是客体却被当作是无声的、静态的和被动的对象。这样做的最终结果可能会让我们想起马林诺夫斯基的研究。其中，人类学家会被明确地告知，他必须是一个田野调查者，在当地人的村子里搭起帐篷生活并和他们交往。不过，马林诺夫斯基还提醒人类学家带上他们的“心智图（mental chart）”走到田间地头。后来，马林诺夫斯基又把“心智图”具体化为“一张图表、一个计划或者一个详尽的案例一览表”[23]。对于马林诺夫斯基和格尔茨而言，“与当地人交往”似乎只是有效地开展人类学研究时所需的一种方法论规定。两个案例都未专门提到的一个问题是，作为人类学文本建构的一个能动条件，这样的“交往”在实践中是如何发挥作用的。这个问题又把我们带回到了上文列出的解释性对象的第二个特征。

当我们把人类学对象描述为有意义的建构时，语言的作用被高估了（大多数解释性方法都有这个缺陷）。格尔茨常常将民族志解释的实践称为一种“翻译”。他这里似乎指的是语言翻译：用一种熟悉的形式来表现一种陌生的行为就是把一个意义系统表达为另一个系统。最后，社会文化现象不仅仅是有意义的，而且它们事实上就被归结为意义。然而，正如我们之前指出的，意义可能渗透到文化的各个角落，但又不是孤立的：“比如，它们会与不同类型的生态
28 现象或心理现象交织在一起。”[24] 另外，田野调查中存在非语言的语用维度，虽然它对意义的产生起着关键作用，但在文本分析中却经常被忽略。格尔茨在此处似乎并不是非常反实证主义的。如果他想在文本和真实报告之间建立有效的对比，那么他应该找到一种方法来说明意义并不是在田野调查中被“找到”的，而是由田野调查中语言与非语言条件共同限定的结果。这个结论又把我们带回到了作为文本的人类学对象的第一个特征。

如果使用文本的目的是为了引出文化形式的“复杂性”，那么将复杂性限制在语篇之内并且忽略意义建构中的语用维度这一做法，在深度和广度上似乎也是有局限性的。珍妮·法夫雷-萨达特（Jeanne Favret-Sadat）等人已经清楚

地说明，人类学理论建构中的语用维度是成功开展人类学研究的一个基本条件。在有关波卡基地区巫术和魔法的著作中，她指出仅仅通过翻译意义是不可能建构人类学研究对象的，这一看法与格尔茨的观点相反。

第三节　人类学对象Ⅱ：波卡基巫术

法夫雷-萨达特在 1969 年对波卡基的一个村子进行了田野调查。她在那里生活了两年之久，此后直到 1975 年她还断断续续地到访过这个村子。[25] 当她最初到达那里时，她已经意识到了在相当长的时间里没人会跟她谈及咒语，并为此做好了准备。[26] 事实也的确如此，波卡基的人们从一开始似乎就对这个话题缄默不语。法夫雷-萨达特很快意识到，打破这种沉默的唯一方法就是让村民们质疑人类学家个人对于咒语的看法。

每当法夫雷-萨达特试图让那些女巫故事的知情者告诉她有关魔法的事情时，她常常会被问到“你足够强大吗？”这个问题。这给人的感觉好像是，这些和她交流的人在担心他们的魔法故事会对她造成什么样的伤害。她会迷上这些故事，还是会被这些故事给吓坏了（这两种情况都说明了她的软弱）？或者，她会摆出一副漠不关心的样子（这种表现会让这些人感到迷惑不解：这可能意味着她很“强大”，要么她就是在掩饰，要么她就拥有比他们更为强大的“力量”）？“正如你所看到的那样，”法夫雷-萨达特指出，“这算不上一个标准的情景，我们无法交换信息，而且民族志研究者也不能指望他自己对他所听到那些有关巫术的观念和做法秉持中立的态度”[27]。

随着这种异常情况的发展，她很快意识到这些“告密者”最初的沉默及在 29
接受“检验”过程中所要表达的真正含义：这是一场关于力量的战斗。波卡基地区的巫术并不是通过一种中立的、确定的方式由一系列可以转述的信息构成的。相反，它是由一系列被赋予了特定力量的言语行为组成的。根本*没有描述魔法的语言，只有拥有力量去使用咒语*的人。并不是每个人都可以去谈论魔法，只有那些受到魔法伤害或使用魔法的人才可以谈论它。因此，民族志研究者了解魔法的唯一途径似乎就只有放弃自己的专业角色了。只有当研究者变成一个拥有强大法力的人（如女巫或者巫医），或者变成一个看似软弱无能的人（如成为魔法的受害者或者中邪的人），又或者在某些时候，民族志研究者需要同时成为这两种人，村民才能去接近她。

> 成功地获得上述认识的人将获得法力，而且必须接受这种法力带来的影响；一个人懂得的魔法越多，这个人对旁人的生命安全威胁就越大，而他自己受到的魔法威胁也就越大……我不得不接受这种剑拔弩张的逻辑，并承认继续秉持中立的观点是荒谬的，因为其他人既不承认也不会相信这种中立的观点。当针对咒语的这些言语战争进行得如火如荼时，我们就必须从新的角度进行民族志研究了。[28]

在这种有别于以往的民族志中，人类学研究的焦点不再停留在言语的内容或者所说的话语上，而是转到了诸如为什么会有沉默、这个否定有什么意义、谁在对谁讲话、为什么语言可以杀人等“言语行为”时，人类学家的解释和理解才真正开始。

> 与研究者谈论巫术，这绝对是泄露天机……向一个自称无意使用这一巫术，而单纯地为了求知的民族志研究者泄露天机简直是不可思议的。因为一个词（而且仅仅因为一个词）就可以捆绑或者解绑一个人的命运，任何一个可以说出这个词的人都是十分令人敬畏的。知道咒语怎么说，不但可以给人带来金钱和权力，而且还能引起他人的恐惧：对于一个可以说出咒语的人来说，比起单纯的积累科学知识、著书立说或是获取学位等，会说咒语这一现实更加令人着迷……简言之，言语绝不是中立的：在巫术中，言语会带来战争。谈论巫术的人都是好战的，人类学家也不会例外。当然，能够置身事外的观察者也是不存在的。[29]

30 换句话说，人类学文本的建构，关键取决于民族志研究者在交际性和约束性的社会游戏中的参与程度，或者用维特根斯坦（Ludwig Wittgenstein）的名言来说，就是对一种生活形式的参与程度。民族志研究者必须把他自己当作是众人当中一个普通的说话人。为了“捕捉事物”，即理解正在发生的事情，她必须使她自己被这些事物“捕捉到”。

这或许也说明，人类学文本的建构条件是如何依赖于田野调查中的各种资源（如被调查者、社会角色、话语、意义、社会实践和非语言行为等）的，尤其是对田野调查中发生的对话的依赖。这些资源会以怎样的方式进入对话？这些对话又会以怎样的方式体现人类学家正在寻找的答案？对于这两个问题，法夫雷-萨达特既无法预测其答案，又谈不上对其进行了引导。调查对象通常是不合作的，或者他们回答问题的方式也不利于开展交流。他们有时会故意掩饰，就是说这些调查对象会用他们认为研究者期望他们使用的措辞来回答问题。在另一些情况下，正如我们所见到的那样，调查对象要求人类学家改变其社会（专业的）角色。最后，针对格尔茨对解释学的乐观看法，可能会存在人类学文本根本无法被记录下来的情况。或者说，因为很多特征无法翻译成书面语言或者无法用书面语言来表达，人类学家在记录写作人类学文本时必然会遗漏掉很多这样的特征。

如果我们将重点放在民族志文本的语用维度上，那么人类学研究是否会变得更加客观？我想格尔茨会提出反对意见，认为即使我们这样做，也未必能够保证我们最终可以对外邦文化做出更可靠的解释。毕竟，假扮女巫或者装作被巫术迷惑都只是“本体论模拟”（ontological simulation）的一部分。那么，如何才能说我们的描述*真正地*捕捉到了那些考察对象的*真实*想法或者*真实*含义？这就要提到另外一个问题了，如果人类学家为了从他所研究的人们那里得到关于研究对象的知识，那么他应该在多大程度上以欺骗的方式与这些人交流。格尔茨最终倾向得出的结论是，由于人类学家的研究内容具有话语（discursive）的复杂性，而他们却想客观地解释这些内容，因而冲突也就在所难免了。他总结说，从现实的角度出发，我们所能做到的就是，把一些人话语中所要表达的含义和所要做的事情，尽量转化为我们认为他们要表达的含义和要做的事情。

> 任何一种试图把民族志描述为是用一种生活表征另一种生活的尝试，都会因为民族志研究中的道德不对称及其内在话语的复杂性而难以自圆其说。[30]

然而，我们是否能够认为我们已经“正确地解释”了他者（the Other）这一问题仍然没有得到解答。詹姆斯·克利福德（James Clifford）等人认为这个

问题的答案与认识论无关，而与道德和政治有关。[31] 在人类学文本中，正确性 31
并不是一个科学标准或者认识论标准，而是应被当作一种道德上的需要：我们有责任用我们的生活去表征另外一种生活。然而，如果这样做的话，我们其实已经隐晦地承认了这样一个观点，即一个负责任的人类学家有可能最终会得出一个错误的解释。因此，运用我们可以理解的术语来建构文本并以此来解释他者这一做法，似乎与用客观的术语来解释人类学的诸多发现大相径庭。不过，我们应该把它当作是最终的结局吗？无论是格尔茨，还是法夫雷-萨达特都在用文本的方法研究人类学，但是这一做法的问题在于，就人类学家的观察与表达二者之间的联系是如何重建的这一问题而言，它即使不是神秘莫测的，也是难以捉摸的。这实际上是一个认识论问题，正如克利福德所说，我们应关注用文本的方法研究人类学过程中人类学家的观察与表达二者之间联系的重建。

第四节　人类学对象Ⅲ：努尔人的“祭祀”和特克锡高的“拟娩”

> 人类学家从田野调查的经历中获得了什么知识？他们如何成功地表达这些知识？这些知识又解决了哪些普遍性的问题，或者提出了哪些一般性的问题？[32]

丹·斯珀伯（Dan Sperber）说，我们需要解决的问题很多，上面的这些问题只是其中的一部分。毫无疑问，人类学是一门解释性的学科。另外，如果我们承认人类学是解释性的，那么我们还应该考虑人类学中两个相互关联却又截然不同的层次。第一个层次涉及人类学家如何将田野调查经历转化为书面报告。

> 人类学家从皮箱里取出来一本田野调查日记本、一沓厚厚的语言学文档、一本植物标本，数不清的地图、素描、照片、录音磁带、家谱、访谈记录（interview protocols）和笔记本。笔记本上面潦草地记着各种评论，这些评论有的是他跪在地上写的，有的是他在烟雾弥漫而又昏暗的小草屋里留下的，有的是他靠着森林里的大树写下来的，而有的是他晚上一个人在汽油灯下面记下来的。这些文件内容包罗万象，里面记录着男人、女人、孩子、家

> 庭、邻里、村落、田野、劳动、手工艺品、食物、植物、动物、集市、节日、祭祀、占卜者的预言、中邪者的呼喊、冲突、谋杀、复仇、葬礼、会议、酋长、祖先、歌曲和各种梦，甚至还有蛇为什么没有腿的原因。[33]

所有这些“文件”对人类学家都有着重要意义（人类学家不仅体验过“文 32
件”上记录的经历，还渐渐地懂得了这些经历）。然而，对于人类学家来说，把这么多内容都浓缩到一本书里而且还要让这些记录忠实地（和真实地）反映他的考察经历，这是一个巨大的挑战。因此，一个必然的结果就是，“人类学家在对他们了解到的知识进行表达的过程中，知识的损失是巨大的”[34]。

第二个层次涉及人类学家如何将书面报告转化为他们根据其经历所撰写的理论著述。在这个层次上，民族志报告被要求为人类学理论化提供基本的原材料。人类学的目的在于对人类学家的经历重新进行概念化，从而能以一种综合的、连贯的并且可能是一般性的形式来呈现这种经历。为了实现这个目的，人类学家会使用大量的术语（如禁忌、亲属、神话、母系血统等）。这些术语能够“浓缩非常多样化的地方性观点，并使它们脱离原有的语境而被人们理解”[35]。例如，只要各种不相干的（书面的或者非书面的）“文件”表现出了一些共同的特点，人类学家就可以使用“神话”一词来描述它们。“神话”是一个具有家族相似性的术语，不过这一术语也有其特别之处：它指称的相似性不具备本体论秩序（ontological order）。斯珀伯认为，这种相似性并不是“物”的相似，而是意义的相似：

> 当人类学家恰当地使用“小妖精”一词时，我们对于“小妖精”的存在仍然一无所知。类似地，当人类学家使用“婚姻”“祭祀”“酋长制”等词汇时，我们依然不知道世界上是否存在“婚姻”“祭祀”“酋长制”等。[36]

由于这个层次上的田野调查在被翻译成人类学术语时会变得更加词不达意，人类学家不得不为了达到人类学的说明目的而不再完全忠实于最初的调查经历。不过，人类学家通常会使用这些不完全忠实的术语，来描述其所考察文化现象中各种可能属性之间的系统性联系。传统人类学中的结构主义理论和功能主义理论就是很好的例子，我们可以从中发现人类学家是如何说明田野调查数据的。[37]

那么，这种解释的双层作用是否会使民族志报告和人类学理论变得不客观、不全面，甚至有了倾向性，以至于最终变得不科学？这的确是对人类学研究解释性本质的指摘。这些指摘一般用来与“描述性”研究的目标进行对比（即一项描述性研究应该是客观的、完整的、前后一致的、充分的、公正的和可检验的）。不过，人类学真的能够做到可描述吗？如果可以，那么为什么它现在做不到呢？

33 斯珀伯认为，解释与描述从某种意义上说是类似的，因为它们都属于同一种表征方式：解释与描述“代表”了它们所表征的对象，甚至在对象不存在时可以“取代”对象的位置。由于与表征对象的这种关系，解释与描述一定能以某种方式充分地重现这些对象，但是，这两者之间却存在着十分重要的差别。当一个描述是真实的，我们就认为这个描述是充分的。通过真伪判断，一个描述能够直接成为一个逻辑观点的前提或结论，也可以被用于肯定或否定一个说明性的陈述，或用于表述科学证明。如果解释附带上描述性的评论（这些评论可以使我们知道“A 是 B 的解释”），那么它们也可以是充分的，只不过是间接的。描述性的评论“确定了被表征的对象，同时也明确了表征的类型”。[38]

回到“人类学研究能够做到可描述吗？”这一问题上，我们可以先探讨民族志报告这个问题（解释的第一个层次）。斯珀伯认为，这里的问题是，民族志研究者提供给我们的描述性评论通常本身就是解释性的，只不过是采用了不同的表现方式。为了证明这一点，斯珀伯对埃文斯-普里查德（Evans-Pritchard）的著作《努尔人的宗教》中的一段话进行了分析。即使是从贴近“事实”的层次上看，这个段落也似乎只是混合了一些描述性语句和引用的语句。但是，当我们更仔细地考察这段话时，我们会发现“这段话中的每一句话表达的都不是单纯的观察”。[39]接下来，我们就来看一下这段话：

> 面对家人和亲戚“无声的抗议”，一个努尔人正在就频繁的祭祀活动为自己辩解。当时，我就在现场。他被迫意识到，家人已经察觉他对肉食的偏爱正在毁掉家里的牛群。他说这不是真的，他并不是因为喜欢吃肉才去宰牛的……他的家人当然可以说他已经毁掉了家里的牛，但是他是为了他们才去杀牛的。这就是“kokene yiekien ke yang”“用牲畜为他们赎命”的意思。每当他说到，家人身患重病只能把牛杀了来安抚神灵“deng”时，

> 他都会重复这句话。[40]

像“无声的抗议”这样的表达很难算得上是一种观察，它更多的是一种猜测。或者，诸如那个人“被迫意识到，家人已经察觉……”或者那个努尔人正在“为自己辩解”这样的表达都是从各种复杂的行为中得出的推测结论。民族志研究者与考察对象之间的交流导致了这些推测结论的形成，最终，它们被当作人类学解释的假设。斯珀伯认为，描述是“在考察对象告诉了民族志研究者他们自己的认识之后，民族志研究者又对这些认识进行了理解和挑选”的结果。[41] 另外，当地人和考察对象之间的话语是以间接引语方式呈现的，比如他说这不是真的；他是为了他们才去杀牛的，等等。这种表达方式只是对被理 34
解内容的意译，缺少当下的语境，即民族志研究者、被考察的当地人和考察对象之间的真实“互动”。

为了说明民族志描述的解释性特征，另外一个例子在给出直接引语的同时还附带了翻译，即“kokene yiekien ke yang”和“用牲畜为他们赎命”。民族志研究者此处提供的翻译是他经过一系列步骤推理得出的结果。“kokene”一词是“kok”的动词形式（“kuk”是相应的名词形式），这个词在研究者自己的语言中没有对应的同义词。为了尽可能地抓住“kok”一词的含义，我们所能做的就是努力在努尔文化（包含宗教文化、经济文化和庆典文化）广阔的语境中确定这个词的含义。[42]“kok”既有“卖”的意思，也有“买”的意思，也就是说，它表达的是一种互动关系和交换。埃文斯-普里查德所能想出来的最接近的英语词汇是“ransom”（赎金）和“redemption”（赎回）（这类似于“sacrifice”一词在宗教学和经济学中的语义范围）。

找到最接近的翻译后，埃文斯-普里查德“描述”了努尔人是如何以注解的形式设想祭祀的：

> Kuk kwoth，献给上帝或者某个神灵的祭祀似乎被当作一种赎金，可以使支付赎金的人免于遭受可能会降临到他身上的厄运。如果上帝接受了献礼，那么他就和支付赎金的人订立了契约，要保护这个人或者用其他方式来帮助这个人。人类算是通过祭祀与上帝做了个交易。[43]

之后，斯珀伯又考虑到：我们是否能够认为民族志研究者是在描述努尔人的诉求？注解是未被加工过的翻译吗？情况似乎是，这些诉求和民族志研究者对它们的注解充其量只是努尔人的思想与研究者表达方式之间的某种“妥协”。换句话说，这些诉求和注解是很典型的解释。[44]

到目前为止，斯珀伯的分析看起来与格尔茨的分析较为相似：为了描述另一种文化，民族志研究者提供了一个文本，帮助他表达当地人对他们自己文化的理解。就像格尔茨一样，斯珀伯也认为民族志研究者通过小说家的方式来得到他的研究结果。正如在格尔茨那里，我们阅读巴厘岛斗鸡就像在阅读莎士比亚的《李尔王》，而我们在斯珀伯这里阅读埃文斯-普里查德的《努尔人的宗教》就像阅读托尔斯泰的《战争与和平》：通过洞悉人类经历的“碎片”，我们可以更好地理解我们所生活的这个世界。[45] 另外，解释还可以获得白描（plain descriptions）等其他方式无法实现的效果：如果民族志研究者只是白描他的所见所闻，那么这样做又有什么意义？比如说，我们最终可能会读到一篇某人杀牛的报告（“浅层”描述）。

35 但是，相似也仅仅到此为止。对于格尔茨而言，人类学就是民族志研究者所做的研究，即解释文化含义，并且形成“深度的”而不是有一般意义的人类学“文本”。这就是人类学的一切。如果我们要为这种人类学想出一个可能的说明框架，那么我们可能会按照下面的规定性步骤来阐述这个框架：

> （1）将人类学对象视为文本（即既是一个象征性的概念，又是一种复杂的文化表征）；
>
> （2）将它的意义翻译到我们（人类学家）自己的意义系统内；
>
> （3）建立一套适用于“深度”描述的新词汇。

解释并不需要任何描述性的评论。格尔茨认为，解释本身就是描述，只不过是一种特殊的描述：的确，它们是唯一一种能够被用于解释含义的描述（深度描写）。正是由于具备了这种特殊的描述方式，人类学才成为一门科学，一门特殊的解释性科学。

斯珀伯认为必须要修正这种观点。如果外来的意义只能被重建为人类学家所熟悉的文本，但这些文本又与它们所描述的人和（或）情境全然不同，那么这些文本与它们所建构的事态之间又有着何种关系？我们如何才能确定我们所选择的重构要比其他可能的深度描写更加符合事实？换句话说，对于我们正在考察的这些解释，我们难免会对它们的有效性有所怀疑。但是，质疑民族志解释的有效性，并不意味着这些解释在原则上没有任何用处。对这些文本的猜测和怀疑本身并不足以让我们认为它们是偏颇的、不可靠的和有误导性的。只不过这里真正要质疑的是，这些解释所发挥的作用和用途是否在*理论上*是有效的。斯珀伯认为，民族志事实上并不是人类学理论；民族志就是一门独立存在的学科，而不是人类学的一种研究方法，故此，虽然人类学宣称其目的就是生产有关人类经历的可靠知识，并因此成为有着科学目标的学科，但是它还是会因为没有能够正确地定位民族志而使民族志研究受到了不利因素的影响。

但是，如果我们回到传统人类学理论（结构主义理论或者功能主义理论）来回答“人类学研究能够是描述性的吗？”这一问题，我们却找不到更好的答案。正如上文提到过的，如果我们抛开这些理论的表面现象，我们会发现它们其实具有明显的解释特征。这些理论的术语是解释性的，而且它们所使用的经验性的证据及田野调查的数据也是解释性的。事实上，理论人类学面临着一个两难的局 36
面。一方面，与任何经验科学一样，理论人类学需要数据。不过，唯一能找到的数据就是那些民族志研究者收集来的数据，但是我们已经在上文中说明这些数据在本质上是解释性的了。斯珀伯在这里似乎是在暗示，如果数据是解释性的，那么它们将是不可靠的，而如果数据是不可靠的，那么它们将不能作为事实证据来形成理论概括。另一方面，如果没有民族志的研究数据，那么作为一门“科学”的人类学看起来就是不可能的。因此，由于考虑到除了使用那些已经被民族志研究者解释过的数据外别无他法，人类学家最终只能去使用这些数据了，并谎称他的理论概括和理论系统用一种可靠而客观的方式对数据进行了重构。但是，僵局仍未被打破。人类学家只是找到了一个掩饰困境的办法。

有没有一种办法可以让人类学走出这个困境呢？斯珀伯的办法并不是要避免对民族志数据进行解释（因为民族志数据就是民族志数据），而是要找到另一种不同的方法来处理这些数据（这种方法与格尔茨的文本分析法和结构主义/功能主义对数据的理论化都不一样）。我们应该重新思考人类学研究对象或者被解释对象是由什么组成的，并从这个问题着手来实现这个目标。“人类学是干什么的？”这个问题的一个一般性回答是，人类学是研究“文化事物”的。

那么，什么样的“事物”可以是文化的呢？有两个显而易见的备选答案：

> （1）民族志中的言语表征（人类学田野调查中，考察对象对人类学家所说的言语事件或话语）；
>
> （2）理论人类学中由人类学理论重构的行为和习俗（包括祭祀、神话、婚姻、宗教和巫术等）。

不过，可能还存在第三个备选答案。当我们说两个埃贝罗人缔结“kwiss”（人类学家听到的一个表达，并将其翻译为婚姻）时，其实我们是在说有一个叫作埃贝罗的民族，他们根据头脑中的某些“想法”说了一些话，然后由于这些话语，他们就去举行了一个仪式。[46]这些想法从哪里来？这些想法又如何能够在人们的头脑中生根发芽变得根深蒂固，并使一群人赋予它们一定的社会价值及做出相应的行为？理论人类学应该试图去说明，不同种类的“表征”是如何使人们按照他们现在说话和做事的方式去说话和做事的，还有其中一些种类的“表征”又是如何得到公众的认可并在社会中得以延续的。

因此，人类学中的“文化事物”可以指称各种表征，而人类学解释最终研
37 究的就是文化表征。如果文化表征是人类学所要考察的对象，那么我们又该如何开展人类学研究，使它摆脱上文提到的解释困境，并成为一门可靠而客观的科学？针对这一问题，斯珀伯提出了下面的观点。

所有人都有能力去生成、记忆和交换信念、意向和偏好等心智表征（mental representations）。通过交流（和反复的交流），很多这些表征会像“传染病”一样在人群中“扩散”，并且世世代代在个体的头脑中留存下来。人类学家应该通过研究某些心智表征是经过什么样的（个人的或人与人之间的）选择过程而先成为大众的心智表征，然后成为更为明确的“文化的”心智表征，即在所有人中间广泛存在的经久不衰的表征。进化生物学和认知心理学不仅有助于人类学确定人类学知识（即心智表征）对象，还能为人类学提供可靠的方法，使人类学可以说明社会共同体在选择和共享特定表征的过程中所遵循的微观机制和宏观机制（文化表征）。

> 因此，文化事实的因果说明相当于是一种表征传染病学（epidemiology of representations）。表征传染病学试图把宏观的文化现象说明为两种微观

> 机制的累积效应：引起心智表征形成与转化的个体机制，和通过环境改变而引起表征传递的不同个体间的机制。[47]

通过这种方法，人类学对象变得“自然化”了，而且就像任意一种自然物一样，它可以用科学或者用因果关系来说明。人类学的任务（*说明文化*）于是也就与民族志的任务不同了。

> 民族志的主要任务是，使社会共同体所塑造的特定个人的经历可以为人们所理解……即说明文化表征和解释文化表征：“这两个有助于我们理解文化现象的自主活动（autonomous tasks）。”[48]

但这并不意味着人类学不使用民族志数据。相反，这意味着一旦这些数据被恰当地重构，人类学就可以用一种更好的、更可靠的方法来处理这些数 38
据。[49]文化表征可以被科学地——因而也是客观地——解释为一种特殊的或更为“复杂的”心智表征（我们可以在认知心理学中找到与此相对应的科学说明）。

例如，在研究特克锡高地区的“拟娩”（couvade）这种特殊习俗时，传染病学方法能够从认知的和生态学的角度说明人们为什么会相信这种习俗的功效。在人类文献学中，拟娩应该指下面的内容：

> 一个男人在他的孩子出生时以及孩子出生以后应采取的一套防护措施（诸如休息、卧床和饮食限制等）——类似于孩子母亲需要遵循的那些注意事项。[50]

为了说明为什么这样一个旨在消灾避难的习俗可以在一群人中长期流传，我们必须要考虑下面两个变量之间的相互作用：

> （1）认知倾向（自发地“过于重视那些对人的生活会有较大影响的事情”）；
>
> （2）生态学因素（即“各类事件的发生频率”，我们可以凭借这种频率预测习俗的延续或者衰落）。[51]

但是，建立在这两个变量及它们之间相互作用基础之上的说明，指的是一般*类型*的习俗（即针对各种厄运的一种为社会所认可的防范形式）。这种一般类型的习俗与说明特克锡高地区的拟娩这一特定习俗之间有什么关系？斯珀伯认为这里涉及两个问题，应该分别予以考虑。首先，人类学家无法避免与标准的民族志研究发生相互作用：“为了说明特克锡高地区的拟娩现象，研究者必须要考察特克锡高地区认知和交际活动发生的特殊语境，同时，由于拟娩这一习俗是被一些因素通过这些认知和交际活动而固定下来的，研究者还应尽力去确定这些因素。”[52] 换句话说，人类学家必须依赖田野调查重构后所提供的描述民族志的数据。其次，为了说明这些数据，人类学家不应该尝试“设计某种特别的解释学”，即进行文本分析或者为各种相似点和差别设计制作某种猜测性的表格。从传染病学的角度来看，认知说明可以使我们通过更可靠的途径去获得这些数据。个体间交流机制是个体心理机制建构、复制和转化的结果，而认知解释表明，我们所讨论的拟娩反映的就是这种建构、复制和转化所带来的影响。

39 当然，这是一幅诱人的图景。用科学的方式说明文化表征与用民族志的方法去解释这些表征被看作是相互独立的两个活动。二者采取的方法颇为不同，甚至是截然相反的。（例如，说明往往是一般性的，而解释则是具体明确的。）它们通过使用各自独立的、不同的方法促进了我们对文化现象的理解。[53] 然而，此时我们也许要问如果按照这一思路去宣扬人类学的科学观点，那么我们最后是否会在人类学的研究风格当中引入某种形式的“科学”偏见，以至于最终形成实证主义偏见。事实上，人们不断地提示我们，为了保证人类学的科学性，人类学应该找到一个自然主义的（即非解释性的）研究“对象”。人类学还应该能够对这个对象进行“中立的分类”（这些分类既应考虑到文化表征在产生和传播中的因果关系，又应该与人们对这些表征的理解无关）。另外，我们还被敦促去寻找一种非解释性的方法去处理民族志的各种发现（也就是说，我们要把这些发现视作语境化的或者获得一般情况（general-case）说明所需的初始条件）。按照这种方式，民族志中的各种数据才能被用于人类学这一“科学”（即所有经验科学的目的）。不过，我隐约感到，如果我们这么做了，而不是用可靠的科学方式去使用民族志的解释，那么我们就会忽略这些解释所提出的认识论问题（或挑战）：即使这些解释并没有描述一个给定的或者“自然的”事态，它们对某种文化的评价也许仍然是“正确”的。

第五节　复杂的人类学对象

在本章中，我分析了人类学研究对象的三种建构模型：文本（巴厘岛斗鸡）、田野中社会文化交流的叙事性重构（波卡基巫术）和由因果关系决定的文化表征传播（特克锡高的“拟娩”）。所有这些模型都谈到了描述的充分性问题，也就是说，这些模型促使我们去反思人类学家的观察与其表征内容及表征方式之间的认识论联系。这种联系的客观程度如何？从田野调查到民族志记录，再到人类学概括，这个联系里面似乎充满了人类学家的理解。人类学家观察到的现象不可能与他的观察方式没有关系。解释在人类学研究中是不可或缺的（作为人类学知识诉求的一部分），那么既然如此，我们能否去利用这种解释，从而使人类学研究不再因为描述得不够可信而受到指摘？

格尔茨和斯珀伯的观点是截然相反的。前者认为，我们观察的是有意义的 40
经历，并且我们要通过另一种有意义的经历来表征这种经历（意义不能从事实的角度被评价，它们只能被解释）。这里，研究对象的解释属性要求研究的程序也应该是解释性的。描述在人类学中是有意义的（一种解释的或“有厚度的”意义），也只有这个意义上的描述才能使这样一个研究程序是“描述性的”。正如我们之前谈到的，格尔茨提出，我们因无法改变人类学对象的“话语复杂性（discursive complexity）”而无法使其适应僵化的客观表征模型（即真实的描述）。然而，我们会去思考这种相对灵活的解释模型是否能够捕捉到这种“复杂性”（或者说能否在捕捉这种“复杂性”时做得更好）。当谈到为人类学文本建构的正确性设立标准时，格尔茨对人类学文本建构的过度乐观把我们带入到了克利福德的怀疑论当中。

斯珀伯也认为我们所观察到的是一种有意义的经历，但是表征这种经历的方式本身未必一定就是解释性的。一些机制导致了某些心智表征的出现和传播，而这些心智表征反过来又决定了依赖于意义的文化体验的表现。通过发现这些机制，我们才能够在科学说明的语境中解释文化体验。只有在这样的语境中，我们才能找到一种客观方法来描述有意义的文化体验的复杂性。文化表征之所以是复杂的研究对象，与其说它们是“话语的（discursive）”，还不如说它们是认知和生态学上敏感的。文化表征的复杂性是“自然化”了的，而且一旦我们用这种方式把这种复杂性重新概念化，我们就可以客观地说明它了。

法夫雷-萨达特的观点介于二者之间。针对格尔茨的观点，法夫雷-萨达特向我们说明了人类学对象不只包含意义；针对斯珀伯的观点，法夫雷-萨达特向我们证明了人类学对象的复杂性与自然科学对象的复杂性有着本质的区别。她还承认某些田野调查的经历本身有着重要的认识论意义，并因此拯救了田野调查，这一点也与格尔茨和斯珀伯的看法不同。这些经历清楚地表明，人类学家对陌生的人类行为进行分类时，他们所遵循的程序会与人类行为发生着相互作用，而且正因为我们不能简单地把人类行为的复杂性与自然科学对象的复杂性混为一谈，所以我们才能够发现并且准确地描述这种复杂性。人们在自己是如何被分类的这件事情上并不是持中立态度的。这并不是要拒斥人类行为中包含“自然的”一面。人类学家很乐于揭示这种“自然”属性，并把它纳入到自己的分析中。不过，按照上述说法，如果人类学说明没有注意到对象分类程序中存在的相互作用，那么人类学所设想的客观性就会对人们造成误导。

如果人类学在研究和分类的过程中采用了相互作用的程序，那么我们就能够期待人类学知识具有客观性了吗？当我们把某个陌生社区的居民分类为“他
41 者”（一个*不同的*他者）或者“当地人”时，我们隐含的承认了“他者”（人类学知识的“对象”）并不仅仅是一个外邦社区的居民这一观点。费边（J.Fabian）曾指出，他者是*被创造的*。[54]费边在这里并不是说人类学家探讨的个人、民族和文化是被发明出来的，而是说“成为人类学知识的一个对象”并不像自然属性那样是一种属于个人、民族等的性质。比如，成为一个“当地人”是由研究者根据某些特定的观点或兴趣及其自身所属的更宏大的背景（社会的、文化的背景等）而建构的一种身份。

如果人类学理解的对象是从这个意义上被“制造的”，那么质疑这种建构客观性的唯一方式，就是去考察“制造”这些对象的研究程序及在对这些对象进行分类时出现的“循环效应”。这里再次引用费边的话，客观性是一个“过程的、历史的概念”。知识是一种活动（知识生产），而不是一种心理状态，而客观性——知识生产活动的结果——将作为一个“对象化”过程而被重构和分析。[55]

第二章 社会学对象

42

第一节 公认的范式

我们在第一章开头曾提到，社会学这一学科最初发源于 19 世纪，而人类学几乎也在同一时期出现；与此同时，实证主义和进化论也成了欧洲文化的主导思想。这两门学科相辅相成：人类学被视为可以为一般社会学理论提供至关重要的、几乎类似于实验室水平的测试。例如，“只有当我们了解了欠发达社会的组织结构时，我们才能理解更为发达社会的运行机制”[1]。

就社会学的崛起而言，社会学为何被深深地打上进化论和实证主义的烙印，孔德的著作就很好地说明了这一点。正如导论中提到的，孔德认为知识的每个分支都要连续经历三个不同阶段，这反映出了人类思想的进化特征：

> 在神学阶段，人类试图去寻求生命的本质，探求所有结果最初和最终的原因（即起源和目的）——简言之，就是绝对的知识——假设所有的现象都是超自然造物活动的直接结果。在形而上学阶段，人们认为一切现象并非是超自然的造物，而是源于一切生命所固有的抽象力、真实实体（即人格化的抽象存在）。在这个阶段，人类对于各种现象的说明仅仅是对其所对应实体的一种指称。在最后一个阶段，即实证主义阶段，人类不再无谓地去寻找绝对概念、宇宙的起源和终点及各种现象的原因，转而去研究它们背后的规律——也就是说，它们之间的这些恒定关系，如果被正确地

> 组合到一起，就可以带领人们找到绝对的知识。当谈到对一些事实的说明时，我们现在对这个问题的理解仅仅只是在一个现象与一些一般事实之间建立联系……[2]
>
> 43 孔德认为，伴随着这三个阶段，并且作为这种思想演进的结果，各门科学由于在一般性、简单性和独立性上各有千秋，它们的发展速度也快慢不一。其中，天文学——作为最一般、最简单和最独立的科学，是最先发展起来的。紧随其后的是物理学、化学和生物学。孔德的科学分层中最后出现的是社会学。社会学的发展是最为缓慢的。不过比起其他学科，社会学有一个优势，那就是社会学的发展能够参考之前各门科学的研究成果，并在此基础上建立起来。因此，社会学不需要发明自己的研究方法。相反，社会学可以采用与数学、天文学和物理学等“成熟”学科相同的或者至少相似的方法。[3]

这一观点一直延续到了 20 世纪。在 20 世纪 30 年代，以维也纳学派为代表的新实证主义哲学家对孔德的这一观点再一次进行了改进。

> 下一个目标是统一的科学。科学家应努力把各科学领域中所有研究者的成就联系起来，使之成为一个和谐的整体。[4]

纽拉特（O.Neurath）认为，物理学可以为科学的统一提供一般模型，原因有二。首先，每一门科学（每一门经验科学）都是建立在唯物主义基础之上的。因此，至少从“最广泛的意义”上说，每一门科学都是一种物理学。[5] 其次，物理学有一套非常完备的概念体系。从范式的角度来看，这套概念体系可以被用于包括社会学在内的任何一门科学。最后，“从狭义的角度来看，*如作适当变动*，适用于物理学的概念体系也适用于社会学”[6]。

有趣的是，在社会学指南中，这种所谓的“自然主义”观点常常指的就是这种传统。与“自然主义”相对应的是，否认社会学科学性的“反自然主义”或“人文主义”观点。有一种说法认为，任何研究人类经验的科学都不可能存在。这个说法有着相当长的历史，至少可以追溯到 19 世纪的德国历史主义学派。[7] 在盎格鲁-撒克逊世界中，彼得·温奇在 20 世纪 50 年代末对社会学的自然主义观点进行了第一次系统性的批判。温奇的观点通常被看作是反自然主义观点的范式。这是因为，首先，他的观点否认了社会研究需要处理“事实”这一情况。温奇认为，社会现象是有意义的经验。其次，也正因如此，科学的方法（观察和因果/定律说明）不适用于解释与自然科学研究内容有着本质区别的社会学研究内容。温奇对于社会行动——典型的社会学研究对象——的讨论充分说明了这一观点。[8]

温奇用韦伯式的方式指出，不同于自然科学对象的行为，社会行动本质上是有意义的。比如，如果个体的行动带有种族主义色彩，那么他需要对“种族 44
主义”的含义有所了解，并且/或者需要理解这些受种族主义观念影响的行为会产生哪些后果（至少是其中的部分后果）。比如，要提高气体的温度，一个气体分子并不需要懂得盖-吕萨克定律。与韦伯不同，温奇采用了维特根斯坦式的方法。他认为，意义唤醒了个体，并激发了个体行动（the meanings which inform and motivate individuals），因而行动天生就具有社会性。社会行动主体的或者内在的意义与社会行动客体的或者外在的意义之间没有很大的差别（比如，一个行动对我的意义与它对每一个人的意义基本上都是一样的），而且在理解社会行为时，我们也不需要使用任何附加的方法去进行“移情”解释。[9]维特根斯坦认为，理解一个表达的意义，就意味着能够遵循这个表达在不同语境中的使用规则，这些规则是由说话者构成的共同体所设定的。[10]与此类似，温奇认为，人们要想理解社会行动，就要通过参考实施这一行为时所遵循的社会规则，并在这些社会规则的基础上去理解它的意义。[11]规则在这里起到了内化的行为标准的作用。社会规则先于社会行动而存在，并且促使个体做出相应的社会行为。最终，社会规则使得社会行动能够被人们识别和理解，即由“内”（不是出于主观意图的）转化为“外”（客观上的或者说是主体间性的）。

有趣的一点是，自然主义观点和反自然主义观点都是规范性的，只不过二者体现规范性的方式不同。两种观点都认同存在某种单一的图景或者说“统一的”社会学逻辑这个规定性假设：自然主义观点认为，这种“统一的”社会学逻辑是一种规律/原因/说明（laws/causes/explanations）的逻辑；而反自然主义观点认为，这种“统一的”社会学逻辑则是一种规则/理由/解释（rules/reasons/interpretations）的逻辑。两种“逻辑”从规定性的角度来讲是相互排斥的，因而这两种观点都在倡导一种单一的图景。但是在 20 世纪 60 年代末出现了大量的新方法，不仅与上述两种观点不同，而且与社会学研究中的各种规定性观点也不相同。人们指责规定性社会学人为地虚构了社会研究对象，而这些对象与社会学领域中真正发挥作用的方法没有多大关系（即使不是完全没有关系）。其中，民族社会学方法论即使不是最具有挑衅意味的，也是最为激进的。

第二节　与规定的假设相对立：指代社会对象[12]

在 20 世纪 70 年代初的一段时间，民族社会学方法论者所做的研究工作和他们对社会学实践所采用的一般方法，被认为威胁到了社会学这门业已建立起来的研究学科的完整性和可信度。[13] 民族社会学方法论对社会学的看法为什么
45 会被认为如此危险？简言之，这是因为民族社会学方法论不能容忍任何的规定性态度。民族社会学方法论的这种做法一度流传很广，而且有时还被推向极端。社会学家不能描述社会（无论是用科学术语还是用哲学词汇），更不能说明社会，因为“社会”根本就不存在。由于“社会”这个概念是由社会学家发明的（不管社会学家有什么样的倾向），因而社会学家可以根据当时的理论需要肆意操纵这一概念。[14] 事实上，我们所称的社会或者社会秩序，只不过是我们为了制造一种有序的印象而经过共同“谋划”所形成或捏造的结果。

例如，如果我们去观察一个课堂，我们就会去假设，从事日常活动的人们其实正在扮演着预先设定好的角色，正在参与一个制度化的学习过程。虽然我们没有公开承认，但是我们都知道这个假设是很契合实际的。不过，这个例子之所以能够存在，是因为人们给彼此都留下了这样的印象，即人们从事活动的基础是角色先在于人，并且角色决定了人们的活动这一（通过约定形成的）假设。如果我们认为，“做一名学生”就是扮演一个先在于实际交流发生的角色（或者遵守一种规则），那么“做一名学生”这件事根本就是不存在的。做一名学生这种“行为”只在具体的教学情境中才有意义。因此，一个教学情境就是一个结果，是“行为的结果”（不是我们将要开始做的事情，而是真正的行动者行动的结果）。[15] 与此类似，起初也没有规则能够“触发”实践。规则被看作是内在于实践当中的，既不能超越实践，也不在实践之外。

如果社会学家试图去说明这样一种“行为”，那么他应该避免使用任何已有的社会学术语（如动机、规则和角色等）。相反，他必须在事件发生的当下，用看起来是事件的结果来重新描述任何“被做的事情”。民族社会学方法论者通常把这种解释方法称作“指代”（indexical）方法，是专门针对传统社会学理论的规定性态度而提出的。这种方法被称作“指代”方法的原因在于，他们认为这种方法的用法类似于我们在语言中使用“我”“你”“这里”“那里”等代词的用法。这些词汇只有在特定的语境中才有意义。在社会学说明中，角色、规范、规则和社会关系（如“学生”和“老师”）只有在它们被用于举例或社会实践的具体情况下才有意义。于是，按照民族社会学方法论者的思路，社会学家的任务就是承认*社会秩序的指代性*，并且*中立地描述*行动者如何在具体的互动过程中将指代行为变为具体的行动（即被实现的行为）。[16]

因此，对于民族社会学方法论者而言，说明一个社会行动就是在运用某种纪录片式的技巧。[17]首先，社会学家必须观察片中演员的行动或演员说他们要 46
做出的行为（尽可能多地收集有关演员所做出的行动，以及实施这些行动过程中个体如何展现他们行为相关的特征和细节）。然后，社会学家必须重现这些社会行为，主要有两种方式：①用一个不受干扰的描述框架（这个框架只使用诸如“语境”“情景”“结果”“指代”等这样的词汇）来解释这些社会行为；②采用中立的观察策略。

> ［方法论中立意味着］对社会成员的叙述中所体现的恰当性、价值观、重要性、必要性、实用性、完备程度（success）和后果不做任何判断。[18]

纪录片式的说明主要有两个方面的作用。首先，通过关注行动细节和意义生成过程的细节，这种解释为人们的行事方式提供了证据。其次，这种解释暗含了一种组织这些证据的框架，并且在组织证据这一过程中除了已知要素（即具体行动中已经包含的部分）以外，不需要增加任何未知的要素。

> 这种方法是把真实现象当作一种“记录”，并用它来“指向”或者“代表”一种预设的基本模式（underlying pattern）。这种基本模式以个体的纪录片为证据，而反过来，个体的纪录片证据又是在对基本模式“已有认识”基础上被解释的。二者可以相互解释。[19]

那么，在反对规定性描述的过程中，这种按照民族社会学方法论开展的社会学实践成功了吗？由非规定性方式确定的研究对象又有什么作用呢？这里需要考虑两个要点。第一，对规定性社会学的排斥是否意味着要被非规定性社会学取而代之？第二，对规定性假设的排斥是否允许社会学成为一种客观的研究实践？我们从第一个要点开始考虑，在反对规定性态度时，民族社会学方法论所提出的方法相当于表明了民族社会学方法论拒绝成为替代性的社会学，即按照某些人的说法，社会学的研究领域被先在的描述过了。民族社会学方法论者认为，把社会学当作一门建立在特定方法论基础上的特定学科，并且试图将社会世界描述为明确的、单一的图景，这本身就是一个错误。民族社会学方法论者想要另辟蹊径；他们尤其不想在社会学的规定性问题上继续纠缠不清，而且也恰恰由于这种纠缠不清，规定性问题未必就是唯一的问题。正如加芬克尔（H.Garfinkel）曾经指出的，民族社会学方法论并不是一种替代性的社会学，而是社会学的*替代者*。[20]

47 为了摆脱规定性的束缚，同时也为了将民族社会学方法论确立为一种社会学实践，民族社会学方法论者提出了一个不同的问题。民族社会学方法论者没有像自然主义者那样去考察社会学对象是否像自然科学对象，也没有像人文主义者或反自然主义者那样去探讨社会对象是否是哲学概念，他*直接*针对的是个体在社会场合或公共场合互动时的所作所为。民族社会学方法论者绕过了各种社会学的重新描述模型（models of redescription），将社会学的对象当作一种社会“行为”，并且把它当作一种“结果”来研究它的各种实践特征。那么，民族社会学方法论者能客观地描述这种由非规定性方式定义的对象吗？为了能够确定地回答这个问题，民族社会学方法论者只有一个选择：由于排斥各种方法论和规定性的方法，他们只能采用“中立观察”这一策略了。

那么，这种中立策略能使民族社会学方法论成为一种客观的研究吗？要探讨我们刚才提出的第二个要点，至少有两个开放性的问题与这种中立策略有关。在社会学实践中，中立策略实际上是可能的吗？如果在社会研究中从非规定性的角度看待客观性，那么中立策略会成为其中的关键吗？民族社会学方法论者经常这样认为，他们本身就是“日常生活的民族志研究者”，这种看法可以作为回答这两个问题的背景框架。正如我们在第一章里所提到的，民族志研究者通过考察他们观察到的活动或者倾听研究对象对这些活动的描述，并未直接“找到”这些人在表达自己的想法时所使用的意义。相反，他们是在田野调查中通过与当地人的真实交流才形成了这些意义。这种交流算不上是对数据的中立记录：它是一种动态的，甚至是创造性的发现活动。换句话说，民族志研究者在工作上与保持对研究对象的中立相去甚远：发现某事物的意义并不等同于倾听调查对象对该事物的描述。民族社会学方法论者建议，我们不能从表面上去理解民族志研究所说的话和所报告的内容。[21]

事与愿违，通过与民族志研究者的比较，讨论的焦点被转移到了民族社会学方法论中立策略的局限性（即中立策略的可能性和客观性）上来了。如果我们在社会科学观察中除去社会学理论（广义的社会学理论），我们因此就可以实现观察的中立（和客观），这个想法是错误的。相反，理论不仅不应该脱离科学观察，而且理论和科学观察之间的关系本身就应被当作我们的分析对象。换句话说，我们不应该通过避开所谓理论假设的“干扰”，来回答诸如“社会行动者做了什么事情”这样的问题。我们也许应该问一问“当社会学家观察行动者行动时，社会学家自己又在做什么”。社会学家又是通过什么样的方式（即什么样的社会学研究方法）使得“行动者”和“行动”看起来像社会学研究对象，或者通过什么方式将他们变成社会学研究对象的？在解释观察到的现象 48
时，社会学家又遵循了什么样的研究程序？[22]

总之，为了挑战社会学单一图景的信念及其基本逻辑，在设定社会学的基本问题（即如何解释社会现象）时，我们必须避免使用社会学规范模型中所倡导的片面化的方法。在这一点上，民族社会学方法论者似乎是正确的。那么，如何才能做到这一点呢？民族社会学方法论者只回答了问题的一半。他们建议，社会学家应在实践理论的层面上研究该问题，这里所说的实践理论是把行动者的行为当作其研究对象。他们认为，社会现象并不是社会学模型告诉我们的那样。所有的社会行动或互动过程中都有一个“形成中的实在”，研究者需要注意这个情况，而不能不假思索地接受它（例如，传统社会学中的“事实”，或温奇记忆中支配有意义行动的社会规则）。[23] 我认为实践理论是一个将自身纳入到对象研究之中的理论（一个关于*社会学*所做之事的理论，探讨社会学家为了观察和解释社会学对象而采用的各种不同的研究程序）。如果把实践理论的这个层面加入到研究中，那么相对于社会行动与（在确认、描述和分类这些社会行动时所采用的）社会学研究程序之间的互动关系分析，民族社会学方法论者的中立策略就应该让位了。我们只有从认识论和实践的角度认真分析这种关系之后，才能客观地分析社会学所研究的*复杂对象*。

必须要指出的一点是，对于社会学家的观点与其研究的“社会实在”概念之间的联系，如果我们从修正过的民族社会学方法论角度来看待它，那么我们似乎在这个方向上前进了一步。

> 民族社会学方法论主要关注的是：社会学理论的考察、社会学理论出发点的探讨，以及社会学理论的建构。[24]

这一说法引出了两方面的反思。一方面，民族社会学方法论似乎是在暗示，社会学家的研究内容是社会学研究的“最终结果”，并且是在社会学研究过程中逐渐被确认的。意思就是说，这些研究对象作为特定的理论和经验研究的结果是被人们逐渐识别出来的。另一方面，我们也应该承认，这个观点似乎也说明了虽然社会学家在从事理论性的建构活动，但是他本身也是一个社会行动者，并且和其他的行动者一样，是他所研究的社会秩序当中的一个成员，只不过社会学家对于他的研究对象有着与其他行动者“不同的态度”。于是，我们可以认为，社会学家的活动和他的态度成为理解社会学研究这个“最终结果”
49 密不可分的一部分。我们将在下文对此展开讨论。

第三节　社会学对象：研究阶段和建构水平

在有关社会学研究的各种指南中，社会学研究的开展通常被描述为几个连续的阶段。这种描述给人的印象就是，存在一种“方法”或者说一种一般性的程序。如果任何社会学家想取得研究成功，而且是用可能性最大的方式取得成果，那么他都应该遵循这种程序。[25] 研究的第一个阶段是“数据采集”，目的在于设计特定类型的研究，并且为将要研究的问题划定范围。研究的第二个阶段是对需要分析的数据进行整理。首先，研究人员“准备”数据，以供后期分析。例如，他们会把数据分成不同的种类或范畴，或者使数据看起来有典型意义（一个一般的实例）或非典型意义（一个特殊的实例）。其次，研究人员分析数据。研究人员会使用全部的各种研究策略（定量分析和定性分析）来解释数据（为的是通过说明这些数据进而从中得出结论）。研究的第三个阶段是撰写研究报告，供社会科学共同体传阅，从而为以后的思考和进一步的讨论或阐述提供材料。

不能否认的是，这些层次从字面意义上来看的确属于不同的“阶段”（它们按照时间先后顺序发生，例如，如果我们没有收集到数据，我们就不能分析数据）。[26] 另外，这些研究阶段还可以被看作是分层研究策略的综合，在不同的描述层次上通过各种方式使社会学研究对象逐步成型。在每一个研究层次上，都有相应的研究策略会为我们展现研究对象的不同内容，这主要取决于每一个研究层次的设计初衷及其所要获得的结果。如果从哲学的角度来看待这种分层研究，我们会发现它是很有趣的，因为这种分层研究使我们不仅可以把不同的阶段视为各不相同但又彼此联系的层次，并且我们还可以在不同的层次上评价社会学研究的客观性问题。只有理解了各种研究程序在不同的研究阶段是如何“塑造”研究内容的，我们才能够对某些社会学研究的研究内容保持客观的态度。表 2.1 总结了各个研究层次的相互关系。我将在本节剩余的部分中对每一个研究阶段的构成和运行进行分析。

表 2.1　社会学研究阶段的描述 50

第一阶段 →	对采访、调查、案例分析和实验中出现的数据进行描述
第二阶段 →	对方法论分析（公理化、符号分析、叙事分析和建模）中出现的数据进行描述
第三阶段 →	对书面形式（文章、书籍、报告等）的数据进行描述

一、第一阶段：数据采集

我们把这个阶段称为“数据采集”阶段可能会产生误导。严格地说，在一项研究刚开始的时候，没有“数据”可以收集。只有在研究的总体设计范围内，某些信息才是有意义的“数据”。因此，这些信息是根据社会学家准备开展的研究而被挑选的。毫无疑问，研究初始阶段的这些“选择”应遵循某些规程。这些规程告诉社会学家从原则上如何开展研究（如何观察、测量和评价）和遵守普遍共识。然而，在实践中，只有这些规程是不够的。社会学家还需要根据语境不断地做出一系列超出规程本身内容的判断。如果我们想理解社会学家是如何收集数据的，又是如何使数据适用于研究的，那么这些问题都不能被忽略。

在社会学研究指南中，*临时*决定和基于语境的选择[27]很少被明确提及。这种情况有可能让人错误地认为，由于数据*就是*依照科学规程采集的，因而社会学研究是客观的。但是忽略这些科学规程之外的判断和选择会歪曲研究成果的所谓客观性。因为这些附加因素会与指导数据选取和收集的规程相互影响，并因此“干扰”这些规程，而且这些附加因素还会与社会学家收集数据的程序混在一起，所以我们不能边缘化这些微观的判断和选择。事实上，当我们评价数据的所谓可靠性及考察在数据基础上建立理论的客观性时，我们至少应该考虑到这些微观的判断和选择。这并不是说我们应该接受具有某种倾向性的数据。相反，这意味着，如果我们了解了数据的来源和数据采集时的条件，那么我们就可以对社会学研究的经验基础做出理性的评价。

这既适用于定量研究，也适用于定性研究。从原则上来说，就像我们在理解各种意义或描绘常识性观念时遇到的情况一样，我们在通过统计数据来衡量
51 人的态度和意见或者对数据划分群组时，也同样会遇到研究设计、数据选择和研究目标的问题。所有这些程序都不是中立的研究方法，而且它们都会受到有效性和可靠性问题的制约。正是由于这个原因，这些研究程序构成了哲学研究的一个特定领域。传统社会心理学中的实验就是一个很有启发性的例子。

“传统社会心理学实验研究的是很多人之间的互动，包括下达指令、执行任务、设定角色和建立或丧失声望等。一个实验就是一个社会事件。”[28]因而，就这类事件提出质疑，探寻这类事件的本质是合乎情理的。我们如何才能论证或者证明实验中发生的情况（受到实验条件的限制）对真实生活中的事件产生了影响？事实上，如果我们看了实验场景，那么我们就有理由说它们圆满地完成了这个任务。例如：

> 开展实验的场所较为特殊，常被人们称作社会心理实验室。这里的环境很简单：没有装饰过的墙，几件简单的家具，椅子一般不超过两把，神秘而单调的单面镜，也许还会有一台“眼睛”一眨不眨的电视摄像机。

> 在真实生活中，社会事件发生的环境与实验室的环境就截然不同了，充满了各种声音和图像，到处都是有象征意义的物品，这些东西指导或者决定了指导所遵循的解释程序和它们对规则系统的选择。[29]

这两种场景是迥然不同的，那么我们如何才能把一个场景融入另一个场景中去，并且不会立刻产生模棱两可的解释。在简化了的社会心理实验环境当中，由于行动者对其所处的环境不熟悉，他们并不知道该遵循什么样的规则-意义系统。他们最终会选择某个规则-意义系统这一事实并不意味着在真实的生活中与此类似的情况下，他们也会选择同样的规则-意义系统。

另外，“在社会心理实验中会遇到什么人？”[30] 正如我们在之前的文献中所提到的，社会心理实验的参与者通常是陌生人。诚然，很多社会交往也是发生在陌生人之间的。但是，从社会学角度来看，下面这一点就变得关系重大了：陌生人之间的交往模式与熟人之间的交往模式有着很大的差别，这不仅会影响 52
到对实验结果的描述，还会影响对实验结果价值的认定。

当我们就社会学家在他所指导的实验中扮演或者应该扮演什么样的角色提出疑问时，情况会变得更加复杂。按照研究规程，社会学家应作为一名超脱的“科学家”。那么，一个正在和人们一起做实验的社会学家能够表现得像一个超脱的“科学家”那样吗？如果他不能，那么他得到的实验结果就必然是不可靠的或者是没有意义的。更为一般的情况是，如果社会学家采用超脱的做法，那么他如何保证实验是客观的？米尔格拉姆在20世纪70年代做的一个著名实验可以引发我们对这类问题的思考。[31]

斯坦利·米尔格拉姆（Stanley Milgram）是一名社会心理学家，他主要研究的是，当人们的行动可能最终会给他人的权利带来毁灭性的影响时，他们会在多大程度上愿意服从于权力。米尔格拉姆设计了一个实验，并在他的著作《权力服从研究》中对实验结果进行了描述和分析。[32] 在这个实验中，受试者被要求参与评价学习与疼痛的关系。这些人被告知另外一些人已经被连接到一台机器上，每当后者不能完成某项学习任务时，受试者可以对后者加以不同强度的电击。但是，这个实验还有一个很特别的设计。那些被连接到机器上的人们事实上是这些受试者的“朋友”，而且这台机器也是假的。不过，那些控制机器的受试者事前并不知道这一点，他们只知道他们正在给他人带来真正的痛苦。米尔格拉姆发现只要实验设计者同意，那么绝大多数人是愿意继续进行实验的，直到他们认为他们施加的电击足以致命。当真相被公布后，米尔格拉姆记录了一些特别的反应：大多数被欺骗的受试者此后或多或少都会表现出持续的心理问题。实验中看起来最紧张的那些人后来有人真的精神崩溃了。

这里有几个问题。首先，我们可以从利用实验中获得的知识来分析这个实验。显然，米尔格拉姆并没有证明他想证明的内容：例如，米尔格拉姆指出，实验表明的并不是对权力的服从，而是对一个有能力的人的信任。[33]实验结果似乎并不能证明之前的假设。其次，这个实验引起了人们道德上的忧虑。欺骗是米尔格拉姆实验的核心所在，如果没有欺骗，那么这个实验就不可能实施。假设即使我们可以通过实验获得一些知识，那么为了得到这些结果就去骗人，这种做法真的可取吗？比起自然科学家，实验社会学家有一个更进一步的、更为特别的问题，即他的研究“对象”与他一样，是同样拥有道德权利的个人。
53 社会研究必须遵从某些道德规则，这些规则从道德上规定了哪些研究是可行的，哪些研究是不可行的。实际上，对于任何一名社会科学家来说，如果（或者当）他被问到这个问题时，他都会宣称他遵守了道德规则，并且他的研究也都是在这些道德规则的范围内开展的。然而，这还远远不能解决这个问题。

首先，我们可以（像任何一名社会科学家那样）认为，社会学实验要受到道德规则的制约，但是如果遵循这些道德规则，那么我们对于知识的追求就会受到限制。于是，实验结果就有可能不完整，而且实验社会学家也有可能无法像“体面的”科学家那样“体面地”做实验。其次，虽然社会学家可能会意识到实验研究的道德约束，但他自身的道德或者思想观念可能仍然在发挥作用，并最终成为他所创造知识的一部分。假如科学实验中“道德”成分和“科学”成分是相互分离并且是可以区分的，那么我们可以说社会科学实践当中涉及了很多道德问题。但是，如果我们认为“道德”成分是嵌入在“科学”成分中的话，那就是另外一回事了。鉴于此，我们认为“道德”是我们从事经验研究的一种方法，或者说“道德”变成了我们从事经验研究的一种方法，甚至是一个必备的条件。

> 一门科学的价值观可以没有道德规范的形式，但是一门科学不能没有价值观。伦理价值观是道德倾向明显的表现形式。显性的道德倾向比隐性的或*事实上的*道德倾向有优势，因为显性的道德倾向通常是人们讨论或辩论的主题。如果科学中的价值观不是以规则的形式出现，而是被纳入到实验、测试或采访的设计中或者体现在数据的分类上，那么无论是研究人员还是受试者都无法看到这些标准，更不要说对它们进行讨论了。简言之，这个问题并不是要探讨数据是否应该具有道德倾向，而是要探究我们应以怎样的方式将道德倾向置于何处。[34]

二、第二阶段：数据的组织和分析

如果说数据的组织与分析是可以分开的，那么这可能会使我们误以为，一旦把数据的分类和分析数据的方法集合到这些分类中，它们就会成为两个不同的阶段。事实上，研究人员只有在明确了具体的分析方法后才能对数据展开分类。例如，如果利用矩阵或根据某些定义性的运算或变量来组织信息的话，那么这就意味着随后的研究应该是关于统计分析或者是某个其他的程序，如利用
逻辑模型或计算模型，或者某些衡量态度的方法。另外，如果按照数据的象征 54
功能、意义或者叙述内容来组织数据，那么定性分析方法而不是定量分析方法将会被采用。[35] 例如，罗姆 • 哈瑞（Rom Harré）向我们展示了为什么分析模型的使用在社会心理学方法论中具有基础性的作用。[36] 这些模型简化了复杂的社会情境，可以轻而易举地使研究人员选出这些情境中的基本规则（grammar）。

为社会情境建模与做实验不同，实验的目的是重现一个社会行动或者社会行为，而建模是为了对它做出解释。解释模型具有启发意义：根据“阅读”情境时采用的基本规则，解释模型强化了某些方面，同时边缘化了其他方面，从这个意义上来说，解释模型清晰地表现了这个情境。一个非常有名的例子是由高夫曼（E. Goffman）引入的戏剧模型。他假设人们可以利用舞台活动来类比分析现实生活中的情境。场景、情节、演员角色和表演风格都为解释现实生活中的角色、规则和行动提供了一种基本规则。[37]

当我们认为数据组织和数据分析的方法之间有着直接的关系时，我们并没有否认数据分析有时会同时用到定性分析和定量分析两种方法。例如，我们既

可以从形式上分析采访，也可以从文本上对采访加以分析；或者在案例分析中，我们可以把案例和案情（cases and stories）分到不同的分析子单元中，然后再根据概率标准分析它们。[38]定性分析和定量分析两种方法的混合使用，并不是要证明数据的组织和分析方法之间没有联系。相反，这更加说明了数据分类是非常复杂的，在很大程度上取决于人们可以使用的分析策略。

三、第三阶段：撰写报告

社会学描述的最后一个阶段或者最后一个层次，即按照科研论文的格式撰写研究报告，它也是一项复杂的活动。人们对于社会学论文写作（或者说，实际上是一切“科学的”写作）有着多种不同的看法。[39]最天真的一种观点认为，科学论文写作只是对一项研究中各种真实发现的简单记录。如果我们换一种说法来表达查尔斯·巴泽曼（Charles Bazerman）写过的一本很有趣的书的书名，那么我们就会发现，研究报告只是把知识变成了文字形式，根本谈不到中立地描述科研成果：

> （从常规的、互动的和认识论的维度来看）当前的写作实践是建立在实践历史基础之上的，其所针对的情况要受到历史条件的制约。一名政治
> 55
> 学家或者一位医学研究人员的写作至多反映出当下的政治学和医学的研究实践，而关于政治学和医学的讨论却从未停止过，这场讨论有其自身的目标、问题、术语、观点和行话……心理学似乎也有着重要的地位。作为一项社会活动和认识论活动，写作的延续是通过人来完成的。有人写，有人读。在思考文章究竟是什么这一问题时，我们必须要考虑到人们是如何创作它的，又是如何使用它的。[40]

写作知识涉及体裁的选择和作者的特定立场（看待权威的立场、声誉、使用特定词汇的权利和写作风格等）。写作知识还意味着作者能够预测共同体对于这篇论文可能做出的各种评论和批判，并通过这种方式来增加科研成果被共同体所接受的概率。[41]在某些情况下，论文的读者并非总限于学术共同体，也包括某些为特定研究提供资金支持的资助者（他们可以是某个机构（an agency）、研究所（a boby of research），或者是政策制定者）。于是，为了“客户”进行

的写作就产生了前提条件，并且常常会受到“客户”的各种要求或期望的限制。“严格意义上的”报告也不再只是对事实的如实描述了（当然，这并不意味着这样的报告是有偏见的）。[42] 于是，人们对于写作的看法不再像以前那么天真淳朴了。他们认为，科研论文写作中可以使用各种修辞，从而使包括社会学家在内的其他“遵守科学规范的”作者在写作时会有意无意地顾及他的读者，并且从各种标准格式中选择最有说服力的方式来表达他的研究。

例如，在科学写作的体裁范围内，实验报告的写作不仅在自然科学中非常重要，而且在社会科学中也分量十足。那么，用实验报告的形式来记录社会科学知识又需要涉及哪些内容呢？例如，通过浏览早期的实验心理学报告，巴泽曼指出，特定的写作格式不仅受到心理学家的偏爱，而且在编撰这些文章时还被正式当作实验心理学报告的规定格式。[43] 这些文章必须包含下面几个标准部分：“题目、摘要、引言、实验方法、研究结果和讨论”，并且每一部分都必须遵循明确规定了的规范。[44] 在这些文章中，作者的身份是“解决问题的推理大师，厘清定量实验如何帮助人们理解哲学问题”，而读者却被当作了一群悉知这一研究领域最新进展的人——尽管他们未必积极参与了研究——抑或被当作了对一般意义上的心理学问题非常关心的人。[45]

通过对社会学研究活动深入细致的考察，我们可以得到一个一般性的结论，即社会学这门学科正在呈现给我们一幅日益多样化的图景，并从认识论角 56
度不断对我们进行着挑战。社会学家的研究对象，并非完全独立于他在对这些研究对象进行指称或分析时所使用的各种理论策略和研究程序。社会现象成为社会学研究的对象，是无数社会学家不断（理论和实践）探索的结果，而这种探索也是所有社会学研究的核心所在。

第四节　一个经典例子：自杀

迪尔凯姆《自杀》一书的难点，关键并不在于他使用了官方的统计数据，而在于他为社会学引入了实践理论的问题。“自杀”属于自然语言范畴，会带来各种各样的实际问题，比如说明特定的自杀事件或说明自杀率的各种变化。如果说迪尔凯姆的错误在于使用了官方统计数据，而没有去

> 研究如自杀报道中的各种变量，那么，他的这一做法其实就是在假定，导致个人自杀事件的各种变量是显而易见的，群体的自杀率才应该是社会学研究的对象……用以判断自杀事件发生的依据是如何被收集的，在谈论某个“实施了自杀”的对象时，我们又必须以何种方式去设计这个对象，这些都是社会学最先要考虑的一些问题。[46]

我们把迪尔凯姆对自杀的分析当作是一种社会分类，这反映了我们之前提到的在数据收集和整理阶段时的一些担心。为了说明这一点，我将从描述迪尔凯姆是如何把自杀确定为社会学研究对象这一问题展开讨论。

迪尔凯姆对自杀定义如下：“由死者自知将会引起死亡这一后果，并且由死者自身的积极或消极行为而直接或间接导致的死亡。”[47] 迪尔凯姆认为自杀是一种有意识的行为（他不认可对死者意图进行的探讨，并且认为这种探讨更适用于心理学说明，而不适合社会学说明）。另外很重要的一点是，他认为自杀是一种很典型的行为（我们可以通过分析个体自杀事件之间的相似性而得到这个结论）。对自杀的社会学分析，实际上应该说明一系列相似案例的典型特征。由于无法对个体或偶然特征进行准确概括，社会学家在分析自杀行为时，应排除这些因素（社会学研究对象应该是具有某些群体性特质的群体性现象）。为了研究自杀这一典型的社会行为，迪尔凯姆采用了自杀率这个工具。[48] 自杀
57 率描述了自杀的类型。这意味着，虽然自杀率不加区别地囊括了全部的自杀案例，但它们仅仅反映了这些案例的一般的（典型的）特征。[49] 恰恰是由于除去了特殊的个体特点，自杀率才能维持其稳定性（持久性）。[50] 迪尔凯姆认为使用这种方法来建构自杀率，我们最终将获得经过筛选的纯粹的社会事实。另外，根据所需的研究程序去分析自杀率，我们可以保证社会事实的分类不是建立在偶然因素基础之上的，而是根据“事物的本质”来划分的。[51]

在对自杀率进行核对整理后，研究人员可以借助于自杀事件的官方统计数据来确定自杀事件的一般类型，并且寻找各类自杀事件所对应的社会原因（即可以通过相关的社会原因推理各类自杀事件的发生）。这样的话，由于个体的自杀事件只是一般类型自杀事件的一个例子，因而一般类型的自杀可以说明个体的自杀事件，而对于一般类型的自杀，研究人员应从与自杀相关的社会原因

进行推理。最后，研究人员可以用社会学的宏观规律来表达这种推理关系。[52]

不过，正如本节开始时引用的段落所指出的，根据自杀事件的发生率对自杀进行分类，其实是在未经证实的情况下接受了一系列的问题，而一旦我们把这些问题摆出来，我们就会针对自杀这个“研究对象”提出一系列的新问题。我们不仅要担忧官方统计数据能否为社会学提供客观的数据，还要考虑如果研究人员把自杀当作一个社会范畴来分析，那么他们在使用根据统计数据计算出的自杀率时，理所当然地默许了哪些条件。事实上，分析有关自杀率的官方统计数据时，遇到的第一个问题就是*定义*问题。[53]自杀并不是一起死亡案例，甚至都不是“某些行为的客观性质”。相反，“自杀”是“出于某些实际目的而对行为进行分类时所用到的一种解释性分类，同时也是复杂社会事件的结局”[54]。将一起死亡事件描述为“自杀”，意味着这起事件被赋予了特定的意义，而赋予意义本身就是一项复杂的社会实践。

我们可以用几种不同的方法把死亡描述为自杀，也就是说，自杀可能有几种定义。如果情况确实如此，那么“自杀”统计数据似乎从一开始就预设了需要说明或确立的对象，即什么才算得上是自杀。[55]当然，迪尔凯姆会说，我们只是把一些拥有“共同”特征的行动或现象整理到一起。但是，这些特征本身并不是“未经加工过”的，因而不能被简单地看作是“相似的”特征。它们之间的相似性暗示了某种分类方法。我们如何才能知道一个统计数据的汇编人员与另一个汇编人员对自杀有相同的定义？并且，即使社会学家和统计专家能够对自杀的某个恰当的定义达成共识，他们在这一定义的应用上也有可能产生分歧。一名研究者可能只会把这个定义应用在那些显性的自杀案例中，而另一名研究者可能觉得这个定义可以用于诸如酗酒、吸毒或者吸烟这样的事情上。此外，在所有的自杀行为必然导致死亡这个问题上，由于研究者可能达成一致， 58
因而自杀未遂的情况就被忽略了。但是，如果研究受到了这样的局限，那么从自杀生还者那里得到的相关信息就被自动地排除在外了。于是，在所有这些案例中，汇编人员对统计数据的选择就会影响社会学家针对这些数据的研究。

另一个迫切需要回答的问题也与自杀的定义问题息息相关，即这些统计数据的证据是什么。统计学家显然需要依靠一些证据才能发布他的统计数据，例如，他会利用死亡证明、尸检报告或者对死者亲属和（或）朋友的采访。他需要选择决定哪些信息源才是最可靠的，而在做出这些选择的时候，统计学家可能会因为挑选这些消息源（有时候甚至会到了非常挑剔的程度）而受到人们的指责。迪尔凯姆式的社会学家会在研究的最后阶段进行概括，但是这些人是否有权这样做，这个问题就值得商榷了。另外，统计学家的研究依据的是其他人选择和解释的结果。如果死者的家人接受采访，那么他们可能会说谎，因为他们不愿意谈论他们所爱的人去世这个话题。与此类似，如果被问及死者的社会背景或者职业，他们又可能会夸大其词，希望通过这种方式使死者得到公正的对待。[56]另一种情况是，为使旁证变得有意义，验尸官常常会根据自己的常识来做出死者是死于自杀的判断。或者，他也有可能会支持病理学家提供的证据，因为病理学家所接受的训练和经验让他考虑到某些医学信息，进而认为自杀是导致死亡的最可能的原因。

通过考察证据问题，我们最终很难同意迪尔凯姆的说法：

> 如果社会学家从一开始就按照这个方法做研究，那么他立刻就牢牢地站在了实在之上。的确，事实是如何被分类的这件事并不取决于他个人，而是取决于事物的性质。[57]

关于官方统计数据的定义和证据的问题，不应只是阻止我们在社会科学研究中使用这些统计数据（及自杀率、问卷、规模等）。这些问题还应该让我们警惕不要迷信一个客观的研究模型，即根据它所设计的研究程序可以从方法论和规范性角度都能保证重现社会“事实”。对社会事实进行分类是一个相互作用的过程，它是建立在两个假设的基础之上的。第一个假设是，这些要被分类的事实不先在于它们的分类。第二个假设是，分类是一种社会/社会学实践，它制造了而不是发现了对社会事实的描述分类。

59 经过之前对自杀定义问题的分析，我们可以进一步研究自杀事件的分类与自杀者类型之间的联系方式。众所周知，在描述自杀率的构成时，我们会把自杀这一社会事实中的社会特征和个体特征都考虑在内。但是，自杀率中包含的“个体”特征通常都是“典型的”特征。迪尔凯姆认为，由于“非典型”个体特征过于具体而且过于依赖语境，因而不能被纳入到说明自杀行为的各种社会学因素的范围内，于是，他选择将这些“非典型”的个体特征排除在社会学分析之外。不过，这样一来，这些自杀发生率中所体现的“典型的”个体特征，最终可能被确认为是人类所具有的非常抽象和高度理想化的特征——不是真正存在的或抽象的“普通”个体所具有的特征。[58]如果研究的最终目的是要说明为什么很多真实的个体会做出某些行动，那么我们确实在“客观上”难以理解一些具体的、非典型的个体特征为何被弃之不用，就好像它们与这些行动之间只是有着偶然的（意外的）联系。“坦率地讲，说明自杀事件和自杀率一定会涉及*人们*为什么要这样做。”[59]［斜体格式由作者蒙图斯基添加］。我在此重申，我提出这个反对意见并不是排斥使用比率或社会科学中其他形式化的分类方法。[60]相反，我这样做的目的是为了提醒广大研究者，对于由这些分类方法制造的研究对象，我们应该注意它的描述层次和类型。针对基于这种描述的研究结果，其客观性将被当作研究的实际结果，而不会被看作是一种规范性的假设。

哈金曾强调过，社会分类的本质是相互作用的。[61]在人/社会分类中，真实的个体常常会意识到他们被划分为某种类型。人们会根据不同情况来决定服从或者拒绝某种分类（也就是说，他们有时会按照这种分类扮演自己的角色，有时又会重新给自己分类，或者逃离给定的角色分类）。后两种情况不仅会影响到那些被分类的人，还会对个体类型的建构产生影响。人的类型因具有相互作用的特点而成为“活动的分类目标”。

这个依据统计数据形成的“客观”模型似乎不适用于自杀。如果一个实施自杀的人已经死了，那么自杀又怎么与分类相互作用呢？不过，在我们理解社会分类如何为社会学研究提供参考这个问题时，相互作用这个观点还是很有用的，而且是非常关键的。我们并不是在真空中将一个实施自杀（并且成功了的）的个体划分为某种自杀类型。正如我们之前看到的，无论我们是为自杀下定义，还是根据某个定义去认定自杀案件或例子，又或是为自杀的定义和真实的自杀事件提供证据等，我们都需要一系列的制度和社会实践，而且，也是最重要的一点，即我们要考虑这些实践中人的因素。这些人意识到了社会分类，并且在 60
社会中与由社会定义的分类不断地进行相互作用。对于一名研究自杀现象的社会学家来说，虽然对于自杀类型的划分在实践中存在很多明显的约束，但是各种自杀类型仍然是“活动的分类目标”。

61 # 第三章 历史学对象

第一节　规范性观点：运用亨普尔规律说明历史

历史学是客观的吗？历史行动能被客观地说明吗？很多秉承分析传统的科学哲学家都对不同形式的类似问题表现出了兴趣。于是，历史学成了说明理论和行动哲学中案例研究的对象。[1] 最好的例证就是卡尔·亨普尔（Carl Hempel）。在回答“历史学是客观的吗？”这一问题时，他试图说明，虽然历史学在现阶段还处于不能令人满意的状态，但可以通过革新而变得客观。这就需要我们去重新思考，并通过效仿科学说明模式重构历史学家提出的说明类型。这种模式在亨普尔看来就是演绎-律则（D-N）模型。因此，为了回答“历史行动能被客观地说明吗？”这个问题，他试图去证明，演绎-律则模型对历史行动所做出的说明是有典型意义的。

表 3.1 说明了亨普尔说明模型的模式及其所依据的逻辑推理。[2] 根据演绎-律则模型，当对被说明事件（被说明项）的描述经过推理成为演绎论证的结论时，这个说明才是完整的。这一描述源于一组由一些初始条件的描述构成的前提（说明项）和至少一条可以把事件纳入其中的一般说明规律。根据推理，被说明项似乎只是说明项的一个例子或者一个逻辑后果（如果说明项为真，那么被说明项必然被正确地说明）。

显然，这类说明的关键在于说明项的恰当性，特别是说明项中包含的规律。

事实上，如果存在一个说明，那么规律必然在说明推理的前提中。[3] 这个模型中的规律性（regularities）被定义为对一个条件形式（如果 X，那么 Y）的普遍概括，是可以经得起经验检验的。它们用于表达可观测行为中的规律。这意 62
味着有两点内容需要注意：第一，在某些条件下，某一行为或者一个对象的某些属性总是会出现；第二，这一行为或者这些属性在每一个有着相同类型的对象中都可以表现出来。这个基本观点可以转述为“相同对象/相同行为”，也就是说，在特定的条件下，我们有理由期待某一事件的发生。通过这种方式，规律可用于说明和预测某一事件的发生（如果 X，那么 Y；因为 X，所以 Y）。

表 3.1　亨普尔说明模型

演绎-律则模型		说明推理
C_1，C_2，…，C_k L_1，L_2，…，L_n	［初始条件］ ［规律］	如果说明项为真（说明项中的所有陈述都得到了经验证实），
E	［被说明项］	那么说明项必然会演绎出对被说明项的描述即一个正确的说明

亨普尔进一步为这个模型补充了两个条件。首先，（休谟把因果关系看作时间上的连续，根据这一观点）因果关系在性质上是符合演绎-律则模型的。其次，说明项中出现的律则常常表现为概率-统计的形式，“基本上如果某些特定条件被实现了，那么这样或那样的事项发生的统计概率就是这样或那样的”[4]。

亨普尔如何使这一模型适用于历史说明呢？他的观点是基于两个相互补充的步骤。首先，他告诉我们，他重构演绎-律则模型，是为了揭示经验科学中基本求解问题的逻辑结构和基本原理。这个模型并没有描述科学家是如何阐述他们的说明的。[5] 因此，我们不应该在科学研究中期望得到这种模型的（具有完整形式的）实例。这使得亨普尔认为，我们在实践中的发现常常是对这一模型的“不完全”阐述。[6] 其次，亨普尔比较了演绎-律则模型和经验科学中的其他说明模型，从而带领我们得出后者与演绎-律则模型在类型上并无差别的结论。演绎-律则模型的逻辑结构有助于我们理解其他说明模型的逻辑和说明力。[7] 事实上，亨普尔最终甚至提出了一个更为激进的主张，即如果其他模型无法归约为演绎-律则模型的形式，那么这些模型也根本不应该被视作是真正的说明。[8]

63 然后，在这两个步骤的基础上，亨普尔能为他的历史说明图景提出充分的理由。他认为：

> （1）历史说明看起来并不符合演绎-律则模型的理由在于，这些说明的阐述方式常常是不完整的。因此，历史说明与经验科学中提出的诸多说明并无二致。于是，亨普尔分析了各种不完整的说明，试图找出历史中那些常常被实例化了的说明。
>
> （2）说明的不完整性也说明了为什么我们常常会认为除了演绎-律则模型之外还存在其他的方式可以描述历史说明。正如演绎-律则模型所揭示的，一个说明的逻辑结构就是去“更正”其他的历史说明模型，消除其明显的差别，并且区分真说明和伪说明。

一、说明概略

因此，亨普尔在论述的一开始就承认了，大多数历史说明并不具有演绎-律则的形式。他认为，这是因为与经验科学中的很多说明一样，这些说明的阐述方式是不完整的。这种不完整性有很多种形式，既可以是*隐晦的*（某些规律或事实是隐含着的），也可以是*部分的*（说明项不足以说明被说明项），不完整性还可以是*选择性的*（说明的完整性只是针对一个具体事件的某种特定描述，不考虑构成事件自身的诸多特征）。亨普尔认为还有一类不完整说明，它们“既不明确，也不具体，不足以被当作隐晦的说明或部分的说明”。这类说明是由*说明概略*构成的。概略

> 在假设的基础上，可以凭借一种非常生动和颇有说服力的方式先使人们构思一个大致的轮廓，然后经过填充从而形成一个逻辑上更加严密的推理论证。通过参考经验证据，这些说明性假设得到了更为充分的体现，并且更容易使人做出批判性评价。[9]

那么，说明概略就是通向完整说明的一条“捷径”。虽然完整的说明尚未实现，但是如果按照概略本身所提示的逻辑思路来做进一步的经验研究，人们仍然能够得到完整的说明。换句话说，说明概略并不是一个伪论证。无论出于

什么理由，它只能算作是一个尚未完成的、需要进一步“填充”的论证，而去“填充”一个说明概略（与检验它是否只是一个不完整论证）的方式就是看这 64
个说明概略能否符合演绎-律则模型。

历史说明在演绎-律则模型中常常显得不完整。亨普尔认为，这种不完整至少是由两个理由导致的，而这两个理由又都取决于对说明项的阐述：

> 首先，这里讨论的基本假设常常涉及人们所熟知的个体心理学或社会心理学，因而这些假设被人们理所当然地接受了……其次，在明确地阐述基本假设时，要做到足够精确，同时又要确保这些假设与所有相关的经验证据相符，这是非常困难的。[10]

这两个理由都引起了我们的担忧。一方面，我们可能会问（除了使得一个说明“看起来像”演绎-律则说明即亨普尔所说的完整说明以外），那些不言自明的规律还有什么其他的说明作用。另一方面，我们可能会问，规律的阐述不够准确是否只是说明概略中一个*实际的*障碍。例如，斯克里文（M. Scriven）指出，如果我们打算通过从一般规律的角度去说明特定历史事件［诸如科尔特斯（H. Cortes）在经过两次失败以后，对加利福尼亚半岛开启了第三次远征］，并据此对其做出解释，那么我们将面临以下选择。[11] 要么我们用于说明历史事件的规律在形式上具有一般性（“所有那些有信心找到宝藏的人们都会为了财富铤而走险”），但内容上很有可能是错误的；要么我们使用一个更接近真相的规律——一旦使用这样的规律，就需要添加越来越多的与具体事件相关的条件——因此，这样的一个规律将不再具有一般性（例如，所有自信且具有科尔特斯式经历的人们在寻找巨额财富的过程中，都为了巨大的财富而承担了和科尔特斯一样的风险）。这个极端的例子所体现的规律是非常接近正确的，但是这个规律只有一个例子（如科尔特斯的决定）。[12]

于是，在真相与一般性之间似乎存在着一种特别的替代关系：如果规律是一般的，那么它就不是真的；如果规律是真的，那么它就不可能是一般的。这意味着在为初始规律添加越来越多的限制条件时，我们并没有“填充”说明概略；我们只是在破坏说明推理的恰当性。或者充其量说，我们是通过一个不言自明的道理来说明事件的，这个道理就是，像某个 X 个体（如科尔特斯）的每

个人都会像这个 X 个体那样去行动。斯克里文说，这并不是否认历史说明常常
65 基于那些看似具备规律形式的陈述或原则，或者是借助于这些陈述或原则才表现出来的。然而，陈述和原则并不是规律，而且这一点是可以证明的，如果我们试图把它们当作规律，那么它们看起来要么微不足道，要么不言自明。

事实上，众所周知的道理并不完全是废话，而这也是类似道理会被史学家在说明过程中偶尔用到的原因。但是，我们必须清楚地意识到，它们只是些老生常谈的道理，因而我们不能指望这些众所周知的道理能起到一般规律才有的（和被期望发挥的）概括作用。尤其要注意的是，这些道理不能被用于预测。亨普尔认为，说明和预测在结构上是对称的。一个争议性最大的后果就是，说明好像都是在预测的基础上建立的。按照亨普尔的理论，如果我们无法运用一个规律来预测一个事件，那么我们只能被迫承认我们也不会得到一个说明。不过，按照斯科里文的思路，如果我们认为历史规律是最好的自明之理，那么要想通过这些规律去预测历史事件似乎是非常困难的。因而，如果我们承认这个困难，并且还认为历史是一门说明性的学科，那么我们也许应该寻找一种方法来解释历史说明的出现是不需要预测的。然而，这样一来，我们就有必要在这里对亨普尔模型的适用性提出一些质疑。

二、各种历史说明

亨普尔论证的第二部分（历史行动能被客观地说明吗？）又是怎样的呢？所有表面上看似不同的历史说明模型，实际上都可以还原到演绎-律则这一模式（如果它们不能被还原到这种模式，那只能说明这些历史说明模型并不是说明性的）。这个观点有多大的说服力？亨普尔认为历史说明主要有三类：理性说明（explanation by reason）、概念说明（explanation by concept）和发生学说明（genetic explanation）。

就第一类说明而言，亨普尔不同意德雷（W. Dray）关于合理性说明的说法。德雷认为，主体 A 之所以会做出行动 X，是“为了表明所做之事是基于给定理由而完成的已做之事，而不只是一些或许符合某些规律的情景中的所做之事”[13]。

“已做之事”为我们理解德雷的定义提供了线索：说明一次行动（如科尔

特斯的行动）就是要说明，从哪个角度来看这次行动是*适当的*（而非人们所期待的）和*合理的*（有“充分理由”按照科尔特斯的方式去行动）。换句话说，“在C_1，…，C_k类情境中，待做之事为X”[14]。

亨普尔主张，如果能使德雷的上述观点具有解释力，那么唯一的方式就是把它翻译成下面的模式（“图式R”）

A处于C类情境中 66
A是一个理性主体
在C类情境中，任何理性主体都将做X

A做了X

换句话说，亨普尔认为如果A是一个理性主体（即该主体有理由支持自己这么做）的假设没有被明确，那么德雷对于合理性说明的阐述就不是“完整的”。再次回到斯科里文的例子，我们试图去理解科尔特斯做出开启第三次远征这一决定的理由。比如说，他是一个很有抱负的人，那么，如果考虑到他的个人抱负，他的决定就是*合理的*。然而，为了说明科尔特斯的决定，我们需要能够说个人抱负“*引起*”了他开启第三次远征。事实上，考虑到科尔特斯的抱负，我们能够*期待*科尔特斯将会开启第三次远征，即鉴于科尔特斯的个人抱负，开启第三次远征实际上是“应该做的理性事情”。亨普尔认为，说明一个过去的行动为什么会发生，就是“提出一个经验假设……基本上可以用这个假设来说明这次行动的动机”，而且只有在亨普尔的这种说明语境中，德雷的这种理性观念（使一个行动看起来合理的观念）才有说明作用。不过，即使这个假设没有被明确，也并不意味着它没有起到说明作用。因此，亨普尔得出了下面的结论。

> 德雷提出了一种设想，他意图解析通过根本原因得到的说明和由一般规律蕴含的小前提得出的说明在逻辑上是有区别的。但在这一点上，德雷失败了。为了确保合理性说明的说明效力，我们有必要使用符合一般规律的陈述来取代德雷提出的规范性行动原则。但是这就会使得说明描述再次具备了*覆盖律*的形式。[15]

为了考察亨普尔的结论能否成立，我们需要更详细地分析德雷模型的基本逻辑。德雷主张，他的说明策略在形式上并不是演绎的。相反，用他自己的话来说，这种说明策略相当于“计算”。德雷的说明策略是指，行动主体在其所处的环境中，凭借能实现其目的的可行方式而“采取行动时所依据的理由”。这与亨普尔的模型（科尔特斯的行动是由他采取行动的动机引起的）有着很明显的区别。在德雷的模型中，一个行动和行动合理性之间的联系是建立在概括基础之上的，而这种概括既不是必要的，也不是充分的。德雷为我们提供了一个“行动原则”，表达的是一种判断（即一种评价或者解释）而不是一种因果关系。表 3.2 说明了亨普尔和德雷说明方案之间的区别。

67 **表 3.2 两种说明模型**

	亨普尔	德雷
1. 逻辑方案：	**演绎**	vs. **计算**
2. 说明概括：	**一般规律**	vs. **行动原则**
3. 说明基础：	**原因**（必要的）	vs. **理由**（适当的）
4. 合理性模型：	**经验假设**	vs. **批判性评价**

这两种说明模型不仅无法相互转化，而且也无法兼容。对于“说明为什么”一个特定事件发生了这一问题，两个模型的回答也各不相同（即在回答时采用了不同的逻辑）。

历史说明的第二类模型是概念说明。这类模型采用的是问答形式：“这个案例中发生了什么？”[16] 思考下面的这个例子。在说明 18 世纪末发生在法国的一系列变革时，我们会说“它是一场革命”。我们可以看出，无论从何种意义上讲，这个说明都不是亨普尔式的说明（因为我们没有通过引用规律来回答一个“为什么”的问题）。相反，我们提出了一个一般性的观念，并据此重构了真正发生的“事情”。

亨普尔对于这类说明提出的反对意见是，如果我们只是用一些概括性的但经不起经验检验的观念去说明某个现象，那么我们不能认为我们已经说明了这个事件。通过确定与某一事件相关（或有重大关系）的其他事件来确定这一事件的意义，这不能算是一种“说明”。最终，我们可能会成功地制造出一些“感人的吸引力”，或者会得出一些“栩栩如生的联想”。但是，亨普尔认为，不能就因此认为我们已经“深化了对所探讨现象的理论理解”[17]。

对亨普尔而言，在这些研究程序中为概念说明赢得一席之地的唯一途径，
是使这些概念说明符合演绎-律则模型。“它是一场革命”这样的陈述能够用一
种类似于规律的形式来表达吗？我们可以去试着讲清楚一系列事件——比如，
说明农业、工业生产和交际中特定的历史变迁——然后说这些事件的结合*不可
避免地*（而且并不仅仅是巧合）导致了一个规模更加宏大的被称作“革命”的
变革过程。亨普尔认为，这就足以证明这个说明策略符合覆盖律模型，即“只 68
要用一种大致上含糊的方式，特定的案例就在总体的联系模式中获得了一个指
定的位置”[18]。然而，我们可能会提出反对意见，如果按照这种方法去说明，
那么我们并没有把一个特定的历史变革说明为“一场革命”。相反，我们把“一
场革命”的发生说明为一系列历史变革所导致的结果。这两种解释策略似乎又
一次分道扬镳了：

> 比如，要把 1789 年法国发生的事情说明为“一场革命”，这当然不能等同于把 1789 年法国发生的事情代入到任何符合“每当 C_1，C_2，…，C_k，就会有一场革命”这一形式的规律中去。这是因为，如果我们把“一场革命”这个概念当作被说明项，那么对它的表征就未必要符合某一类前件事件或情况，不管这种表征是被人们明确地陈述了，还是仅仅被理解了。[19]

实际上，在律则说明和概念说明中，我们都在尽力对发生的事情进行概括。不过，两种情况下的概括是不一样的。“探讨为什么的说明”采用的形式是“每当 X，就 Y”（演绎推理）。“探讨发生了什么的说明”所采用的形式是“X、Y、Z *等同于*一个 Q”（“总结”概括），也就是说，我们可以把“X、Y、Z”合起来称作“某某事”。换句话说，在第二种情况下，我们对一系列事件在特定时间和地点同时发生的原因加以解释，进而对事件进行概括。与第一种情况不同，我们并非想要提出这样一个观点，即被提到的一系列事件必然产生某个结果。诚然，第二种说明也体现了一定的规律性。但是，这与类似于规律的陈述所体现的规律性是不同的。德雷认为，“革命”是从描述社会的日常语言中抽取的一个分类词汇。“革命”将一系列事件的同时发生表征为一种反复出现的社会

现象，但并未暗示这些事件的描述与某个结果（一场革命）之间就存在着律则联系；相反，“革命”一词意味着，在众多的历史事件当中，这些事件就是“革命”，这里体现了特定事件的不同解释之间存在着家族相似性。[20] 将一系列事件纳入到概念之下所遵循的“逻辑”（内涵的，而不是外延的）与把它们纳入到规律之中所遵循的逻辑是不同的。

亨普尔提到的最后一类历史说明是发生学说明。这个模型把被说明的现象描述为“一个发展序列（developmental sequence）的最后阶段，并且通过描述这个序列的各个阶段来相应地解释这个现象”[21]。亨普尔把发生在路德时代的赎罪券兜售当作一个例子。比如，为了回答“这个现象从哪里来？”这个问题，历史学家戈特洛布（A. Gottlob）自问道，为什么教皇和主教最先开始卖赎罪券。

69 通过考察这个现象的起源和随后的发展，最终这个现象表明它是基督教与伊斯兰教剧烈冲突时期的产物，同时还是日耳曼基督教的一个典型产物。[22]

亨普尔认为，这类说明也能适用于律则表征，因为发生序列中的每个发展阶段必须与下一个阶段不仅有着时间上的连续性，而且还有着联系上的必然性。

> 在发生学说明中，每一个阶段都必然表明能够“导致”下一个阶段的发生，因而这个阶段与下一个阶段之间必须通过某些一般原则进行连接，以这个阶段为起点，一般原则使得下一阶段的出现至少成为合理可能。[23]

历史中使用的一般原则包括各种隐含的心理一致性（psychological uniformity）（常常为隐性的）。这些心理一致性指的是激发人们行动的理由。如果要说明为什么教皇开始兜售赎罪券这个问题，那么最终在于找出这个问题——为什么像教皇这样的人们“通常会按照某些特有的方式去行动或者倾向于去行动”——的原因。[24]

不过，亨普尔自己也承认，正如在物理学中表现的那样，发生学历史说明并不是“纯粹律则性”的（例如，我们可以根据发生序列来说明自由落体的石头，因为其中构成序列的各个不同阶段都通过普遍规律而相互关联）。在历史中，律则联系是同一定数量的描述结合在一起的。[25] 亨普尔认为，这是因为对序列最后阶段所需要的数据，要远远超过说明初始阶段所需要的数据。两个阶段在信息量上的差距，可以通过增加大量的历史细节来弥补，而这些历史细节虽然本身并没有直接的说明作用，但是对于我们理解说明本身的发展方向将会有很大的帮助。

至少从下面的这个理由来看，亨普尔对发生学历史说明的重构似乎有点牵强。亨普尔似乎无法避免同时使用两种说明，一种是律则的；另一种是描述的。为了突出律则说明，他必须找到一种方法把描述说明降为一种辅助角色。他承认，描述细节本身在说明性术语中可能是至关重要的，比如，我们也许会提到一些具体的信息，用以支撑不同阶段之间某些联系的合理性。但是，亨普尔认为，这种历史细节描述所提供的支撑本身无论从任何意义上来说都不是“说明性”的（因为它不具备律则形式）。不过，这似乎至少会让我们对律则形式能够实现所有的说明这一事实产生了怀疑。我们甚至想知道，最终究竟是什么构成了我们对研究现象的说明：是一个阶段与下一个阶段之间规律似的联系，还 70
是对现象详细而一致的描述？

亨普尔正确地强调了，描述对历史来说要比对自然科学重要得多，但是他却没有重视下面这个事实：正是由于描述对于历史的这种重要作用，很多历史事件不能完全按照律则被说明为符合特定类型的具体例子。[26] 当律则说明缺少证据时，描述性细节不能为其提供海量的信息。也许正是由于这些细节，历史被说明项的本质才得以确定。承认这一点对于有关历史说明的争论有着重要的意义，接下来我们将对此展开分析。

第二节　历史学家说明“什么”

亨普尔的观点引发了关于历史说明的争论，说到底这是一场关于什么才是最好的说明方法论的争论。因此，这场争论的焦点完全集中到了说明项的性质和功能上（比如，历史说明需要用到规律吗，对这些规律的概括正确吗，规律能保证说明是正确的吗，规律是否会使说明成为“必然的”说明，等等诸如此类的问题）。这场争论中有多种不同的立场，但是，对于问题的回答主要是从两个视角展开的。一种是描述性视角：德雷和斯克里文考察了历史的变迁，试图说明历史在“用自身特有的方式”说明历史。另一种是规范性视角：亨普尔首先考察了科学规程，然后试图使得历史符合这些规程。然而，比起说明项，一个说明恰当与否，更加依赖于待说明历史事实（被说明项）的描述方式，对于这一点，这两种视角都没有提出明确的质疑。[27]作为一种更进一步的替代方案，我们可以认为，在根据所给出的描述而出现的被说明项中，部分被说明项在逻辑上预设了一般规律，并且可以由这些规律来说明，而另一部分则不然。情况最终可能是这样的，这场争论中不同的观点在逻辑上无法兼容，其原因并不在于说明的逻辑。1965 年，丹图（A. C. Danto）在其著作《分析的历史哲学》中提出了这样一种见解：

> 诸如此类现象没有得到说明。只有被描述所覆盖的现象才能被说明，接下来当我们谈及对这些现象的说明时，我们必须要参考对它们的描述。
> 71 因此，在这种情况下，说明一个现象必须与对这个现象的描述联系起来。但是，如果我们用描述 D 来涵盖现象 E，我们总是有可能找到针对现象 E 的另一个描述 D′，而按照这种新的描述 D′，我们就不能用原来的说明来说明现象 E 了。如果一个现象有无数种描述，那么这个现象可能就会有无数种说明，并且其中可能出现的一些描述会使得这个现象无法得到说明。[28]

丹图对于历史变迁的总体看法会引起什么后果呢？我们可能会在历史研究中发现，对于同样的一组事件会有多种描述，而且我们也不可能使其中的每一种描述都符合亨普尔的模型。但是，这并不意味着这个模型就是不正确的，也不能说我们探讨的这些事件就是无法说明的。例如，在 20 世纪 60 年代摩纳哥的国庆期间，为什么街道两边不仅挂着摩纳哥国旗，还挂有美国国旗。为了说明这个现象，我们可能会说，没有哪个规律把一件事（雷尼尔三世亲王迎娶美国女星格蕾丝·凯丽）与另一件事（摩纳哥民众在国庆期间悬挂美国国旗）联系起来。在这个层次的描述上，德雷的确是正确的。但是，这两件事情都可以被换一种方式来重新描述，而根据新的描述，我们可能会发现，形成一个覆盖律并运用这一覆盖律对重新描述过的事件加以说明是很容易的。丹图的说明策略与亨普尔的说明策略的区别在于，直到之前的说明得到覆盖律的补充，我们才知道这个说明是“不完整的”。之前的说明只属于另一个层次上对研究对象的重构。丹图为事件 E 提出了三种描述（不同层次的描述）：

E′　摩纳哥人把美国国旗和摩纳哥国旗并排挂起来（给出说明之前对事件的描述）；

E″　摩纳哥人正在向一个出生于美国的君主致敬（事件被说明后对事件的描述）；

E‴　一个国家的民众正在向一个异国出生的君主致敬［对同一事件的描述，而且同时也是对（被认为是）很多类型相同的其他不同事件的描述］。[29]

丹图认为，他的这个想法最终调和了历史说明争论中冲突各方的观点。在描述 E‴中，我们的确可以使用一个覆盖律来作说明（亨普尔的观点）。然而，这个规律并不涵盖最初的事件，而如果没有 E″中对该事件的重新描述，我们也无法从覆盖律中演绎出上述事件。

在某种程度上，这种重新描述承担了说明的重任（德雷的观点），因为它几乎改变了我们对事件的看法：E′被重新概念化为一套新的关系。我们一旦得出了 E″，那么得出 E‴似乎就相对容易了，基本上“不费吹灰之力”（斯克里文的观点）。E‴用一种不言自明的方式在一个更高的概括层面上描述了 E′中提到的国庆悬挂国旗的习惯。 72

至少有两个理由可以说明，丹图对历史说明争论的重构是有趣的。首先，总的来说，丹图的这种重构表明了，使用相互对立、相互排斥的观点来呈现关于历史说明的哲学争论是非常局限的。其次，具体来说，这种重构之所以有趣，是因为丹图建议我们改变争论的焦点（从说明项转到被说明项）：丹图指出，说明一个事件的形式和可能性在很大程度上取决于对该事件的描述。这种转变蕴含了深刻的见解。在丹图的引导下，我们去思考，历史学家所研究的历史事件能否真正地摆脱历史学家的叙述方式而独立存在。不仅如此，我们还可能会思考，我们能否对这些事件的说明进行设计，使说明只涉及“这些事件真实的发生方式”。“*客观的过去*”这个观点以及对过去的“*完美记录*”的观点可以说是毫无意义的。

为了便于讨论，丹图让我们去设想一个虚构的人物。一个理想的历史记录者是这样的一个人：他能够在事发当时用可能是最完整的方式见证一个过去的事件。他还能够完美地记录他所见到的一切，从而形成一个理想的历史记录。显然，在这个理想的记录者书写他的历史记录时，并非与这个过去事件相关的所有描述在当时都是真实的。例如，我们考虑下面这则报告：“三十年战争始于 1618 年。”鉴于这场战争是由它的时间长度来命名的，那么“对于 1618 年发生的某件事（或者一系列的事件），这个句子是真的，但是这件事（或者这些事情）却不能出现在理想的 1618 年的历史记录中”[30]。丹图通过这个例子说明，从观察有关过去事件所需要了解的全部事实的角度来讲，一个完美的目击者并不是必不可少的，事实上根本没有存在的必要。与历史相关的问题是，对历史事实的描述可能真实地记录了过去的事件，但过去的人们却没有意识到这些描述是真实的。这些描述（丹图把它们定义为“陈述句”）指的是只有历史学家才能理解的故事。[31]

我们可以试着对完整记录才是完美的这个观点加以改进。例如，我们可以想象，理想的记录包含了发生的所有事情，即包含了对过去事件的所有可能真实的描述（全部的陈述句）。然而，如果所有描述都被包括在内，那么一定会出现不一致的情况。难道只有一场法国大革命吗？按照弗朗索瓦·傅勒（François Furet）的说法[32]，至少有三场。

73 法国大革命既可以是关于法国国家历史和民主起源的一场革命，又可以是君主制发展到最终的一个自然结果［托克维尔（Tocqueville）这样“叙述”的］，还可以是一场宣扬新个人主义价值观的资产阶级革命（新世界的起源）。可以说，这些据称发生在 1789 年法国的故事是三种陈述性的描述，它们都是真实的，但又各不相同。我们似乎有三个不同的叙事者（民族主义者、保皇党和雅各宾派），并且每次我们都可以通过其中一个叙事者的眼睛来观察那个时代。如果我们设想一个理想的记录应该把这三种描述都包括进去（只有这样，记录才是完整的），那么我们一定会说我们同时看到了对同一件事情的三种不同的描述，而一份口径不一的记录是难以算作客观的。相反，如果我们想得到一份前后一致的记录（而且一份理想的记录也确实应该如此），那么我们就不得不承认完美的记录一定是不完整的（即必须删除不相容的报告），而这样的话，这份记录也就不那么“完美”了。[33]

当我们探讨如何说明历史事件这个问题时，这个观点会带来非常严重的后果。

> 像法国大革命这样的现象不能被还原为一个简单的因果图式。这场大革命有它的原因并不意味着这些原因就是全部的历史。[34]

法国大革命作为一个历史事件“对于不同的人有着不同的意义”，这些人也包括历史学家。正如我们之前提到的，对同一个历史事件的不同描述，要求对“发生的事情”做出不同的说明。这个观点不仅使我们对因果（或律则）说明才是理想的历史说明这一点产生怀疑，还促使我们去思考，当历史学家宣称重构了某些过去事件的“原因”时，他们事实上真正做了些什么。历史事件的原因并非像事实那样存在，因为事实至少从原则上来说——比如，在档案、手稿或者人们的记忆中——能够被完美地记录下来（或者以这样的形式被人们发现）。

重构过去事件的原因时，档案、手稿或者记忆都可以充当“事实性证据”的来源。但是，历史中事实性证据的有趣之处在于，这些证据本身是一种历史文献，需要和它们所要说明的历史事件一样接受同样的批判性检查（examination）。这样做至少有两个原因。首先，历史学家会发现事件在手稿或者档案中是被这样*记载*的：

> 记载历史事件并不是把真实发生的事情中立地记录下来：……能否成功地把纳粹的罪行记录下来供后人参考是一个道德问题和政治问题。诚然，很多人——也许是大多数人——的道德直觉都可能会告诉自己，在看 74
> 待大屠杀是否真正发生过这个问题时，如果要求人们持一种开放式的心态，哪怕只是表达一下要他们这样做的意愿，他们也会因为感到非常厌恶而拒绝这样做。但是，如果说道德直觉会受到某种干扰（一定存在这样的干扰），那么由于有些人不愿与否认犹太人大屠杀有任何瓜葛，因而他们会为了免于遭受人们的指责而从直觉上就去歪曲“大屠杀是否发生过”这一中立事实。[35]

其次，对于记录在案的事实，其收集、筛选和保存的标准是多种多样的。档案就是一个很好的例子。比如，有人曾研究过为什么欧洲 19 世纪建立的档案和 20 世纪我们用计算机技术重建的档案之间存在着巨大差异。自从计算机数据出现以来，历史学家参考历史“事实”的方式就发生了彻底的改变。[36] 在 19 世纪，档案是按照一定的标准和程序整理的，这些标准和程序反映出了人们对当时历史的意识形态和方法论的专注：其中，民族价值观占据了主导地位，几乎全部的重点都集中到了政治和行政管理方面的史料；文件也只是按事件发生的先后顺序来分类的。但是到了 20 世纪，比如随着法国“新历史学”的发展，人们将重点放在了对过去事件的系列分类上了。这种新分类方法建立的语境是各种模型的出现。这些模型或用来衡量历史变迁，或用于在稳定模式中建立引起变迁的系统，抑或用于发现这些系统中的基本均衡。因此，新的历史证据被补充进来，包括经济的、财政的、人口统计学的或者地理的等方面的史料。

这些研究使我们认识到，历史事件也许并不是历史研究的起点（或者甚至都还算不上起点，只能是一个“客观的”开始），而是历史研究的结果之一。

> 换句话说，历史就是一路流传下来的理论。历史学家研究的那些事实本身就是他们自己的话语建构（discursive constructs），并不是现实世界中那些可以收集整理成故事的东西。[37]

解读上面的观点有两种办法。其中之一（我觉得不是很有启发性）大致是历史事实并不真的存在，它们只是历史学家杜撰的虚构之物，因而它们使历史研究变得高度主观化以至于最终非常不可靠。我觉得另一种解读用处更大。这种解读将我们的注意力吸引到了“精致而令人着迷的劳动”[38] 上面。无论是整理历史事实，还是评价这些历史事实对于历史学家及读者重要与否、有效与否，历史学家都会付出这样的劳动。

75 第三节 定量和定性的历史：研究样本

我们必须要考虑到历史实践的一个特点是，在重构某个历史事件的过程中对历史事实的选取和组织。正如人们所说，“并不是资料来源定义了一门学科所能提出的问题，而是一门学科所提出的问题决定了它的资料来源”[39]。人们在对历史证据进行分类时，遵循和发展了各种不同的程序。根据所选择的程序，过去的事件将会按照特定的描述而被呈现出来，而这个描述反过来又会影响和限制对这些事件的说明（我们从丹图那里可以了解到这一点）。因此，资料来源的选取和组织条件应该受到严格的监控，因为它们会影响到最后获得的历史记录的类型。不过，这并不意味着对一种特定的描述或重构只能允许一种说明程序。我们可以通过列举历史研究中的一些不同方法来说明这一点。

一、17～19 世纪法国人的识字水平

在 20 世纪五六十年代，定量研究在法国历史学家当中很受欢迎，特别是受到了年鉴学派历史学家（这个称呼源自他们的期刊名）的青睐。定量历史至少涵盖了历史研究当中的两个功能：它既是一种重构史料来源的特殊方法，又是一种很特别的说明程序。这两个功能相辅相成，不可分割。在定量历史研究中，历史学家通过统计的方法和计算机技术收集史料中的历史数据，随后将历史数据整理成一系列按时间次序排列的文件。这一系列文件由（如小麦价格、葡萄酒生产日期和年出生人数等）同类的、具有可比性的单元组成。历史学家在评价系列文件时，可将文件中的单个词条与同一系列中的邻近词条作比较，或者也可以从具有可比性的系列文件中选出相应词条进行比较。通过这种方法，历史学家不再把历史事实确定为单个的“事件”。相反，他们用长期的发展或“趋势”来呈现历史事实，进而可以从连续性和间断性的角度对不同系列中性质相近的数据展开研究。

史料的认定取决于对历史数据的编码，而这种编码隐含了很多选择，比如，如何组织数据系列、数据系列对于我们提出的问题有什么意义，等等。正是由于这个理由，傅勒断言：

> “事实”之中隐藏的历史客观性已经被发现，覆盖在历史客观性之上 76
> 的面纱也已经被永远地揭去了；历史学家再也不能回避这一点，即历史学家已经建构了他的“事实”，并且其研究的客观性不仅取决于使用正确的程序对“事实”进行解读和处理，而且取决于“事实”与其研究假设之间的关联性。[40]

例如，20世纪70年代，傅勒在法国社会科学高等研究院指导了对17～19世纪法国人识字水平的研究。该研究就是按照这种历史研究方法所做的一次分析。[41]这个项目试图通过对比法国两个地区（从圣马洛到日内瓦之间的一条虚线将法国划分为两个部分，分割线东北侧人们的识字水平明显要高于分割线西南侧）居民在识字水平上形成的强烈反差，来说明法国人识字水平的变化程度。历史学家在这项研究中所用的资料来源很广，包括人口普查记录、军队征兵的统计数据、教区的婚姻记录等。他们想方设法地要在能写出自己名字的这种能力与一般的阅读和写作能力之间建立一种联系，并且试图把这种联系作为一种有效的研究工具。特别需要说明的一点是，他们在分析婚姻记录中的签名时，发现在18世纪法国女性的识字水平要高于男性。[42]

这项研究的一个重要成果就是，人们有可能根据这项研究重新书写法国的一段历史，而这也是历史学家参与这个项目的初衷。人们总是把有关识字水平的历史当作学校教育历史的一部分来看待，而在学校教育历史的记录中，很多词汇都体现了高度的政治性或意识形态特征。一个观点认为，学校教育的历史“要么被视为启蒙运动对蒙昧主义的胜利，要么被当作是教会对共和政体迫害的胜利”。另一个观点认为，学校教育历史常常与“学校及其意识形态作用的思想史”相混淆。[43]

然而，正如分析材料中统计数字和百分比所显示的，这两种历史并不是同步的。法国历史上的重大历史政治事件——包括法国大革命——似乎并未对人们识字水平的提高起到过决定性的作用。正如傅勒和奥祖夫（Ozouf）研究所显示的，人们读写技能中的一系列趋势可以通过研究“由下而上”的法国社会历史来确定，也就是说，历史学家要研究普通人的行为和态度。这些行为和态度很大程度上是可以被追溯和跟踪的，而与体制和政府政策的历史无关（可参见“由上而下”的历史中所规定的制度和政策等）。

77 只有当我们把注意力集中到识字水平这一书写文化的起点，并把识字水平的变化归功于社会本身时，我们的研究才是有意义的。教会、国家和学校只不过是这项研究的主人公或主体（dramatis personae or agents）罢了。[44]

有趣的是，这项研究的参与者认为，他们对于识字水平这一社会文化现象的描述和分析做到了尽可能地准确。对于他们而言，只有通过定量手段才能实现这样的准确程度：

> 描述意味着根据性别、地理环境、人文环境来测量和准确设定这次研究的步骤及范围；而通过分析，我们试图去理解、解释该现象的各种主要变量及它们可能带来的后果。[45]

傅勒及其他定量历史学家认为，通过他们的方法论可以把历史当作一门科学（社会科学之一）来考虑。这一说法引起了多方面的批判。一方面，有人认为定量历史学家并不能永远保证他们的统计数字是可靠的。另一方面，定量历史研究在方法上是可还原的。

> [定量]历史学家可以数清婚姻登记表里的签名和私人图书馆里的书，也可以数清复活节领受圣餐的人数，还可以数清人们有多少次提到了天庭，等等。但是，问题在于这些统计数字是否能够可靠地反映出人们的识字水平、信仰的虔诚程度或是历史学家试图研究的其他东西。[46]

诚然，傅勒所倡导的定量研究与我们的研究有一定的关联，但是还不足以使我们认为使用形式化研究方法就可以保证研究的客观性。相反，定量研究对我们的意义在于它让我们认识到，历史学家所认为的“事实”在本质上是人为建构的，并且暗示我们对于一项研究的客观性评价不能脱离认定和（重新）建构事实的方法。

二、心态

筛选史料和寻求历史说明的另一种方法（有趣的是，这种方法也是源于同一个法国史学流派）是所谓的“心态”历史学。例如，雅克·勒高夫（Jacques Le Goff）如此写道：

> 1095 年后，西方基督教世界被震动了。人们纷纷投身到了十字军东征这一冒险中。为了分析这个重要的历史时期，我们可能要参考人口增长、新出现的人口过剩、意大利城邦的商业抱负，以及教皇希望通过和异教徒 78

> 之间的较量来再次统一支离破碎的基督教世界。但是，所有这些因素都不足以说明所发生的一切，或者说，不能说明最重要事件的发生。针对这一点，我们需要理解耶路撒冷这个尘世天国的魅力及它在人们心中的形象。如果没有了宗教心态，那么十字军东征又算什么？[47]

为了从历史的角度说明十字军东征现象，我们应该说明是什么样的“宗教心态”（思维习惯、精神结构）[48]促使大批人加入到这个行动中。从本质上来说，心态研究所探讨的问题，是不同时期、不同人群都认同的各种价值观、信仰、理性构造或者各种天经地义的假设。[49]这些人当中有一些心态历史学家，他们试图证实共同的、基本的集体心理结构，能否被用于解释他们的社会历史行为。[50]特别需要注意的一点是，这类研究中所涉及的社会共同体是由普通个体构成的群体。显然，这又是一部“自下而上”的历史，只不过这次研究所选择的史料与定量历史学不同罢了。

为了说明某种心态对于一个历史时期内发生的社会事件产生了作用，我们不禁要问，什么样的史料才能被用来当作证据呢？正如我们之前所看到的，在定量历史研究中，研究人员选择了经济学或人口统计学档案作为史料并展开了分析，目的在于建立一系列的数据。在针对十字军东征心态这个问题而开展的定量研究中，其他档案也可以作为史料。历史学家将会分析人们的识字水平或者艺术作品，会利用文献学和圣徒传记，甚至还会用到诸如武器或者陪葬品等考古发现。但这并不意味着，这种研究在说明历史时从原则上摒弃了定量史料的使用。事实上，很多历史学家都在使用定量的手段来开展心态研究。米歇尔·伏维尔（Michel Vovelle）便是其中之一。[51]

在对大约3000份遗嘱进行统计分析的基础上，伏维尔研究了18世纪法国普罗旺斯地区的巴洛克式的“虔诚”心态。通过这种分析，他为一系列根深蒂固的传统（诸如人们对排场的葬礼逐渐没了兴趣或者向圣母玛利亚的祷告逐渐消失等）日渐衰微提供了证据。[52]他是这样解释这些现象的，这些潮流象征了18世纪普罗旺斯的居民逐渐“去基督教化”，并选择更加世俗化生活方式的过程。

79 我认为，伏维尔的尝试是有局限性的，因为他的研究结果似乎对于统计方法之外的一切史料都视而不见。也就是说，“我们虽然胜在了准确，但却面临着输掉意义的风险”[53]。总的来说，试图利用定量的史料来论证并获得定性的结论，被证明是一项非常有挑战性的工作（因为“生硬的”统计方法怎么可以用到诸如情感、信念和态度等“软”数据上呢？）。[54] 但是，对我们来说，这样的研究仍然是很有趣的。我曾指出，定量历史研究说明，研究对象的建构使得研究者对所能提出的问题形成了限制。

心态研究已被证明可适用于定量研究。关于心态研究的最后一点是，如果我们把历史研究的对象看作是一种心态、一个系列或者一种趋势，那么亨普尔的说明模型和德雷提倡的模型似乎都很难适用。这两个模型似乎都把历史描述为人们有意图的行为结果，或者个体目标的实现。对于亨普尔和德雷而言，历史仿佛是一部由行动者的事件、个体的决定和精心计算组成的历史，我们总是可以找到它们的原因和理由。但是对于心态或者趋势而言，情况却不是这样的。历史变成了一个巨大的模型，它有超越个人的结构、长期的变迁和转型，而只有借助于在这些结构、变迁和转型的过程中所使用的史料和资源，我们才能找到它们的原因和理由。

对于所有对历史感兴趣的哲学家来说，这是很有意义的。“研究历史”的不同方法并不等同于研究模型的互不相容。历史说明可以被看作是一种“纷乱的叙事”（或者按照20世纪60年代丹图所说的，是一种补充模型）。纷乱的叙事并不是一部完美的编年史。对于历史事实的不同分类为我们说明历史带来了机会，一个恰当的历史哲学确实应该对历史实践中历史事实分类进行认真的探讨。

第四节　在博物馆中创造历史

到目前为止，我已经探讨了不同倾向的历史学家是如何确定其研究对象的：他们如何通过不同的研究程序来选择和考察史料，他们对这些史料又提出了哪些不同的问题。我还指出了史料并不是历史的“原始事实”。一般说来，历史学家发现的史料都是以书面记录或者报告的形式呈现的。由于这个理由，他们无法忽视在收集和传递这些史料过程中出现的各种情况和条件。史料本身

也是有历史的，而对于历史学家如何根据他的史料证据解答他所要探究的问
80 题，史料本身的历史有着至关重要的影响。例如，我们通过阅读《现代研究者》（一本关于如何研究历史的经典指南）一书可以知道，区分“收集史料”和“表达观点”不能作为历史研究的规程，因为我们不断地被警告“我们（历史学家）收集的大部分史料里面都夹杂着大量的观点”[55]。另外，“‘赤裸裸的事实’本身通常就没有什么*趣味*”[56]，更何况它们的真实性还要受到严格审查（如一次战斗或者某人生日的具体日期等）。

但是，我在之前的章节中提到过历史证据常常并不局限于书面记录。拿心态历史学家来做例子，如果他们能够依靠物质发现（武器、陶器、硬币等），那么这也许会有助于他们的研究。我们在研究历史时，可以使一个实体对象（physical object）成为历史证据建构的焦点，也可以去阅读一份手稿，如果我们问二者在程序、技巧或知识获取方面是否可能存在重大的区别，那么整个问题就会变得很有趣。除了考察历史是如何制造自身的研究对象之外，我们还发现，重构某物体，而且是实实在在的物体，制造历史的过程是非常有启发意义的。

事实上就存在这样的一类专业历史学家，他们就是通过重构物体进而在制造历史的过程中来研究历史的。博物馆历史学家通过实物来制造历史。实物构成了他们的主要史料：与档案相比，这些实物也被当作“信息携带者”，只不过方式不同罢了。[57]从实体对象中获得信息需要一套特殊的研究技巧，有别于根据档案研究历史的传统中历史学家所使用的研究方法。无论是对于获取实体对象（也就是实物）的可能含义，还是对于理解它们可以被当作什么样的证据，了解这些实物在什么条件下才对历史学研究有意义是至关重要的。

博物馆式的历史学研究中至少有三个领域是关于实体对象分类的。第一个领域是确定这些实物在社会的、政治的、文化的和时间的语境中的位置。在利用实物开展历史研究时，博物馆历史学家所面临的第一个挑战就是如何认定这些实物，包括确定它们的功能和用途等。我们拿一块铁片做例子。[58]它有可能是一块门挡、现代家庭中的一个装饰品、一件武器、战争时期的一块废铁或者是一个书立。像铁片这样的物体有很多个常常互不相容的含义，有的含义是在建造它时就有的，而有的含义则是后来在不同语境中才逐渐形成的。在收藏或

展览过程中，所有这些含义都可以愉快地共存，而且还可以衍生出很多的故事。从这个意义上说，比起那些传统的或者更狭义的学术历史学家，博物馆馆长们的方法更具有实验性："他们不去寻找'真相'或者一种连续的、未被打断的叙事，而是通过一种开放式的探索来研究过去。在他们的探索中，很多说法，甚至是相互矛盾的说法，都是可以同时存在的。"[59]

实物分类的第二个领域涉及实物在被转移至博物馆（收藏、展览等）后被 81
放置的位置。通常情况下，这个位置是一个由博物馆提供的人造空间。转移到这个空间的实物在这里被人们赋予了进一步的象征意义。甚至可以这样说，博物馆通过实物展示定义了实物具有历史意义和文化意义。[60]医学博物馆在这方面就颇有启发意义。[61]例如，欧洲早期的医学博物馆和我们今天已经习以为常的博物馆之间就存在着显著的区别。前者通常设在医生的工作场所或者是专业医生的公寓里，而这些博物馆的馆长大多也都从事医疗这个行业。展出的物品一般都是人们在陌生地方发现的稀罕玩意儿，或者是从古代建筑物里发掘出的古怪物件儿。人们把这些东西摆在那儿并不只是为了获得一些无的放矢的感慨，而是为了能从医学"原则"的角度对它们进行理解和分类，而"医学'原则'被认为对应着身体的某个特定功能或部位"[62]。这些展品还被人们用于体验自然和展开关于自然的实验。公正地说，这些早期的博物馆是"享有特权的知识场所"[63]。时至今日，我们已经习惯了把博物馆当作是一个公共服务机构。因而，博物馆也把注意力相应地转移到为更多人提供社会服务的目的上来了。现在，药品展览被归到了健康展览当中[64]，或者已经演变为一种使医学更加人性化的尝试。这种做法反映了人们对于药物实际表现（药物的研制阶段和治愈阶段）的关注。[65]

我们还需要考虑的一点是，在某些情况下，展品所属的文化与展览它们的博物馆所属的文化是不同的。人们常常会表达对国际性博物馆的担忧。为了使博物馆的受众能够理解"外邦的"物品，馆长们可能会误解这些展品的历史，有时也可能会歪曲这些展品本身的历史价值和属性。[66]这个问题把我们的注意力带入到了第三个领域。这个领域与赋予实物历史意义有关：参观博物馆的人们，也就是展览会或者收藏展当中历史实物的受众，他们通过参观和理解实物，赋予了实物一定的历史意义。我们不能忘记的一点是，博物馆中所展现的历史有一种公共教育的作用。[67]受众对于所收藏或者展览实物的理解程度，可能并不能作为标准来判断这些展品所反映的历史真实性或可靠性。实物在让人们有可能说明它们的同时，也限制了人们对它们的理解。但是，观展的受众为历史学家的研究增加了一个新的维度，使历史学家能够探寻什么是可知的和如何使可知的变为已知的。

> ……由于博物馆的各种陈设布置都传递了一种意识形态，因而展览的
> 82 参观者不能被简单地当作是这种意识形态的被动接受者。相反，这些人在与博物馆环境的*互动中*获得了很多的体验……博物馆布展者认为参观实物能够给参观者带来强烈的暗示，而参观者从进入博物馆，到参观历史实物，再到参与实物历史意义建构的这一过程在一定程度上就是参观者对布展者诉求的一种肯定。[68]［斜体格式由作者蒙图斯基添加］

与展品的互动可以分为两个层次：历史学家/博物馆馆长的层次，他们会选择一种（有时不止一种）叙事来展示实物；受众/参观者的层次，他们通过不断练习品评展品（及展品所引发的连串的想法和记忆）来进入博物馆为展品所设定的故事。这两个层次是不对称的。即使博物馆历史学家尽力去预测参观者的理解，参观者的反应通常也是开放性的。“博物馆永远不可能像一个文本。博物馆是为谁而设？博物馆又是为了什么目的而设？即使我们考虑到了这些最基本的问题，我们也永远无法得到一个统一的答案。”[69]

正如上文论述的，博物馆不可能像一个文本，尤其当展品出自不同文化时，这一点尤其明显。不过，对于我们自己文化里的科学博物馆，类似的问题也会经常出现。[70]但是，对于科学博物馆来说，鉴于在我们的社会中，科学一直以来都是客观知识的提供者，并享有非常权威的地位，另外考虑到与之相伴随的假设，即科学对象同样应该能够传达给人们一些不容辩驳的意义，因而我们在回答设立科学博物馆的初衷是什么这个开放性问题时，将面临更为巨大的挑战。[71]

本节内容似乎偏离了本章所讨论的问题，但是它的意义在于，重新阐述了各种形式的历史研究是如何利用丰富的研究方法和技巧来发现和分析历史的，并为之提供了进一步的证据。在实现还原一段客观过去这样一个不可能完成的

任务过程中，研究者对研究程序和技巧的本质及用法的关注，使我们去思考应该如何对历史“事实”加以分类。历史学家通过历史研究中的特定技巧为我们提供了一种将事实“客观化”的方法，而我们在这里需要反思的是，我们如何运用这种方法客观地重构过去。虽然各种历史分类之间的相互作用并不明显(比如，我们可以参考人类学和社会学分类)，但是考虑到研究者对过去的社会事件进行过复杂而多样的研究，如果我们去关注这些研究的话，那么我们就能找到有深度的证据，进而说明社会科学研究是如何客观重构其研究内容的。

第四章
经济学对象

第一节　经济学理论与方法论担忧

在对现实生活的事件进行预测以及为政策制定提供辅助支持的过程中，经济学理论（主要是形式主义经济学）中的主流研究遇到了很多困难。现在，这些困难引发了越来越多的思考。“一名经济学家通常是这样一位专家，他将在明天知道今天为什么没有发生他昨天预测的事情”，这是我们经常听到的一个笑话，但它反映了一种真实的担忧。那么，是什么造成了这些困难呢？一种说明认为，经济学家对方法论缺乏严肃的讨论。人们普遍认为，方法论问题应该留给哲学家，而经济学实践并不需要考虑方法论问题。此外，当经济学家考虑方法论时，他们似乎相当支持实证主义准则（precept）。

秉持这种批判态度的人指出，首先，即使方法论未被公开地专门讨论过，这也并不意味着方法论假设没有进入经济学研究的实践中。事实上，如果这些隐性的方法论假设被明示，那么对于经济学实践的失败，个中原因可能会变得清晰。其次，他们认为实证主义方法论不适合经济学的研究内容。但是，在应该如何改变现状这个问题上，观点出现了分歧。例如，一种提法认为，我们首先需要对理论和实践进行对比，然后找出理论中缺少了实践的哪个部分，进而再来回答方法论问题（或许应该说是，重新回答方法论问题）。这样一来，我们就可以清楚地看到经济学理论中缺少的部分其实就是本体论问题。经济学自身具有明显的实证主义倾向，很大程度上由于这个原因，经济学没有解答有关经济学对象本质的问题。虽然经济学对象设定在经济学领域，但它们在社会领域（社会实在）中也是不可或缺的。部分由于这个原因，经济学对象独立存在 84
于其经济学理论的认识论表征。于是，经济学应该回到对实在的探讨当中。这就是劳森（T. Lawson）等采用的批判实在论立场。

另一种提法认为，我们在探讨经济学方法论问题时，应该完全摒弃方法论这个误导性的词汇。在如何看待方法论这一问题上，如果我们转向对经济学语篇（economic discourse）的机制或经济学语篇的“修辞”进行分析，那么这将被证明是更为可取的。实证主义方法论强调清晰、精确、客观性和形式化等，这本身就可以被解释为是一种修辞方法，即企图把经济学描述成“硬”科学的一种尝试。但是，修辞也分好坏。如果我们想对实证主义方法论的危害作用进行成功的批判，那么我们应该去探索，作为一种替代性分析程序的“好的修辞”，究竟有什么意义。为了实现这个目标，我们必须观察“正在发挥作用的”经济学语篇。也就是说，我们必须考察经济学家在实践中是如何从事研究的，他们又是如何描述其研究对象的。在这里，我们必须要提到麦克洛斯基（D. McCloskey），因为她与我们现在探讨的提法有着千丝万缕的关系。

如何看待经济学中的实证主义方法论？第一种解决办法属于规范性领域：这种办法倡导寻找其他的方法论来替代实证主义方法论。第二种解决办法是反规范性的，强调语用：这种方法完全否认了方法论的必要性，建议在开展经济学研究和分析经济学研究的过程中采用语用的方法（从语用的方法对经济学研究的适用性这个意义上来说）。我发现这种规范性和反规范性的区分方法过于武断，并且没有多大用处。在接下来的章节中，我将首先讨论“非规范性”方法，然后说明“规范性”方法如何使我们能够提出有关经济学研究对象的问题。这些问题虽然为非规范性方法所不容，但未必就与非规范性方法不能相容。使用非规范性方法时，应排斥的并不是某些需要解答的问题（如果非规范性方法不允许我们去回答某些问题，那么非规范性方法本身就可以说是一种规范性的态度）；非规范性方法所不允许的应该仅仅限于规范性的态度，因为按照规定性态度，值得探讨的问题只能是按照某种方法论提出的问题。

然后，为了避开规范性方法和反规范性方法之间在规定性上的区别，我会举一些例子，用以分析某些类型的经济学问题是如何被描述的，同时为了便于确定和描述这些经济学问题，我将说明研究者应该如何去运用实践研究程序和理论研究程序。

第二节 经济学实践的修辞学对象

在她的著作《经济学的修辞学》中，麦克洛斯基指出，为什么“现在的大多数经济学期刊看起来都像是应用数学或者理论统计学的期刊”[1]。但在 20 世纪 30 年代以前，情况却不是这样。

> 20 世纪 30 年代初期，《美国经济评论》中几乎很少出现等式；假定也没有固定的格式；图表也只是序列图，并且还不常见；直线与离散点的拟合也很少见……而 1981～1983 年在《美国经济评论》发表的 159 篇长篇论文中，统计、图表和仿真模拟（explicit simulation）已经比比皆是。足足有 2/3 的论文大量使用了数学，而剩下的大多数论文中也到处都是数学的味道，像“生产函数”和“需求曲线”等词汇更是让人很容易就想到数学。[2]

在使用数学这一问题上，《美国经济评论》表现出了前后两种截然不同的
85 态度，其背后的代价是沉重的。早期经济学家对数学的“无知”常常会使他们无法清晰明了地探讨问题。如果没有数学知识的话，边际生产力或者议价能力等问题是很难说得清的。但是，麦克洛斯基认为，在经历了“数学转向”之后，清晰明了的表达使得经济学陷入唯科学主义之中，即一种特殊的探讨科学成就构成的思想。要说明这种思想在经济学家当中有多大的魅力，一个办法就是让大家明白，经济学文章看起来越发形式化或者公理化，它们表面上就越符合科学，因而就越容易得到人们的重视。[3]

麦克洛斯基把唯科学主义这种思想称作“现代主义”。现代主义对于她而言只是一种未经修饰过的实证主义，预测、控制、可观察性、形式化、律则说明和演绎主义是其中的关键所在。在 1953 年发表的论文中，米尔顿·弗里德曼（Milton Friedman）零散地提到了一些观点。[4] 与经典的实证主义相比较，

弗里德曼的观点在反传统的道路上走得更远。但是，即便如此，我们仍然可以把这篇论文看作是经济学中现代主义的一篇核心论文。[5] 在论文的一开始，弗里德曼就把实证主义经济学描述为“在原则上独立于任何特定的道德立场或规范性判断而存在”，能够“提供一套可用于做出正确预测的概括体系”，并且“预测结果在准确性、范围和一致性上”是经得起检验的。进而，弗里德曼认为“与物理科学一样，实证主义经济学是，或者能够是，一门‘客观的’科学”[6]。当然，由于经济学研究的问题与人的行动有关，客观性更加难以实现。这一点“带来了特殊的困难”，但是这些困难并没有在经济学和物理科学之间形成任何根本性的差别。[7]

麦克洛斯基认为，总的来说，现代主义已经被证明是一种很差劲的科学方法，而且作为一种一般性的科学思想，它现在在哲学中也已经过时了。特别需要说明的一点是，对实证主义定量研究方法的批判，已经表明了形式化分析的局限性。形式主义本身并不意味着更加精确的结果。为了迎合现代主义中关于科学证明的某些准则，人们确实可以用很多种不同的方法来“炮制”统 86
计结果。[8] 为了考察现代主义思想在经济学领域中的作用，麦克洛斯基敦促我们去研究过去四五十年间的经济学史；她甚至还让我们去询问经济学家，看他们在做研究时是否真正地遵循了现代主义思想准则。通过采用费耶阿本德式的方式，麦克洛斯基认为，无论是过去的经济学家，还是现在的经济学家，如果他们把自己的研究局限在现代主义思想的条条框框里，那么他们基本上就无话可说了，而且他们也不会取得任何重大的成就。这使得我们认识到，虽然经济学中存在已被正式认可的方法论，但实际的研究却是另外一回事。

马克·布劳格（Mark Blaug）等经济学方法论者似乎认为，人们应该使实践更像理论。在《经济学方法论》一书中，由于经济学家没有使实践看起来更像理论，布劳格还为此指摘了经济学家。例如，他写道：

> 经济学家早已意识到，有必要捍卫、论证他们学科的“正确”原则；虽然现实的实践与这种实证主义的说教没有多大关系，但是对经济学本身来说这些说教还是值得关注的。[9]

不过，麦克洛斯基注意到：为什么会出现这种情况？为什么与实际研究无关的说教应该值得关注？相反，为什么不去考察经济学家在实践中究竟在做什么，并从他们实践经济学的方式方法中总结出一套方法论呢？换句话说，在经济学实践中是否存在一种“非正式的”方法论？如果存在的话，这种方法论又是什么？对于麦克洛斯基而言，我们在实践中的发现并不能算作一种不同的方法论，而只是她所称的经济学语篇的“修辞学”。

事实上，对于麦克洛斯基来说，修辞学是现代主义意义上方法论的反义词。修辞学并不是一个独立的研究程序，也不包含多少科学行为的规定性规则，尽管所有以客观和科学为目标的学科都应遵循这些规则。修辞学只是一种非常“文学的方式”，既可以用于检查经济学家在研究实践中使用的语言，还可以用于理解经济学家观点的结构和说服力。对经济学语篇展开修辞学分析不仅可以使经济学语篇变得更清晰，而且可以使它变得更好：“虽然大多数经济学家既不愿公开地陈述他们对经济学观点丰富性和复杂性的了解程度，也不想直截了当地去对此进行检查，但是经济修辞学却可以清楚地反映出经济学家对经济学观点的了解程度。”[10]

当听到“修辞”这个词的时候，我们难免会心生芥蒂。我们立刻就会从这个词联想到花言巧语、油嘴滑舌等。这种联想并不是没有根据的。修辞学最初
87 确实主要被用于赢得辩论。一位修辞学家（实际上，仅就修辞而言）往往是一个巧舌如簧、心怀不轨的人。当麦克洛斯基谈到经济学语篇的“修辞”时，她显然不想让我们认为经济学家就是这样的人。关于修辞学的另一种说法并不是贬义的，其中至少有两点被我们忽略了。首先，修辞学可以用于表达积极的含义，也可以巩固我们“在某种程度上”自认为是正确的信念。其次，修辞学研究也包括分析富有说服力的观点是如何被设计和建构的。[11] 我认为，当麦克洛斯基敦促我们用经济学的修辞学取代方法论时，上述两点才是她所设想的修辞学：

> 我在这里要强调的是，引入修辞学并不是“用修辞去取代仔细的分析”，也不是为了人身攻击或者华丽辞藻而放弃数学。优秀的修辞学家所热爱的辩论应是谨慎和准确的、明白无误而又言简意赅的……采用修辞学的方法研究经济学文本是建设性的，而非破坏性的。引入修辞学并不是让

辩论变得毫无理性可言。相反，这样做的目的是为了能够让我们摒弃武断而狭隘的争论，远离其中的非理性，转向理性的、人类的辩论。这样一来，经济学家之前私下所做的各种争论——他们总要找个地方进行争论——才能得以公开，那些曾经让他们迷惑的各种修辞手法方可得见天日。[12]

"需求定律"和"市场自我决定"：修辞学建构的样本

这种修辞学分析方法是如何发挥作用的？在《经济学的修辞学》第一版第二部分中，麦克洛斯基把经济学理论、概念、模型、数学证明等案例当作修辞论证的例子，并展开了详细的讨论。[13]其中一个案例分析涉及需求定律的证据。通过分析这个例子，麦克洛斯基向我们说明，在描述和评价一个经济学概念的过程中，运用修辞手法建构证据是怎样成为这一过程中不可或缺的一部分的。

"当某产品的价格上涨时，该产品的需求就会下降。"这一断言不仅使经济学家提出了一个合理的科学命题，而且还可以算作是一个"很有说服力的语篇，旨在取得一定的修辞效果"[14]。事实上，当我们在阅读一些提到了"需求曲线下滑"的经济学论文时，我们针对这一论述提出的问题远远超过了形式逻辑或者经验检验的范围。

经济学家之所以会相信需求规律，是因为他们有充分的理由，而当我们去考察这些理由时，我们会感到非常意外。虽然其中的一些理由符合现代主义的 88
准则［一些复杂的统计检验、市场自我决定（market-by-market）的应用研究、实验检验等］，但是遵循这些准则得到的结果却常常没有足够的说服力。不过，这也没有使经济学家对需求定律产生怀疑。他们"狂热地相信需求定律"。[15]那么，一定存在着其他的理由（不是科学的理由），能够让经济学家相信这个规律是有效的。麦克洛斯基列出了可能的理由[16]：

（1）*内省*：经济学家会问自己下面这个问题："如果油价翻倍了，我会怎么做？"他会回答："我会减少用油。"

（2）*思想实验*：例如，如果油价翻倍，那么经济学家可能会去猜测人们的行为。

（3）*关于市场的知识*：例如，经济学家可能会去观察商人。商人做事通常都会遵循不能浪费掉每个赚钱机会这个隐性的规则，因而他们可能会决定通过降价来增加销量。

（4）*定义*：经济学家可能会根据收入的定义进而认为“高油价使得可花在所有商品上的支出减少了，其中包括汽油”。

（5）*运用类比推理*：假如需求定律适用于冰激凌和服装，那么经济学家就会猜测，这个规律为什么不会同样适用于汽油呢？[17]

文学和艺术作品同样会用到上面的几种方法，我们可以找到小说家或者考据学家使用它们的例子。经济学家也在使用这些方法，麦克洛斯基的这个发现让我们觉得很有趣，很受鼓舞。由于科学规程在经济学研究中发挥的作用很有限，更谈不上关键的作用了，于是，麦克洛斯基的这些发现对于我们来说更像是一种挑战。另外，科学规程常常不太适用于经济学家所从事的研究，无论是对于研究过程的描述，还是对于研究程序进行规定，科学规程都没有为经济学家带来实质性的帮助（也就是说，明明知道经济学家不会按规定的方式从事研究，那么，谈论如何使用规定的方式探讨经济学又什么意义呢？）。随后，麦克洛斯基得出了一个大胆的结论，即经济学论文首先是一个表演，或者说是一种“言语行为”：不是应用方法论的使用，而是文学思维的运用。[18]

麦克洛斯基探讨的另一个例子涉及经济学定量方法的应用。经济学概念常常被还原为它们的可操作性定义。因而，正式的经济学的修辞学认为，能够将
89 任一概念还原为数字或者将有关概念的问题还原为数字，是定义概念或者回答有关概念的问题时所能采用的正确（常常是唯一的）步骤。

然而，修辞学的运用也正是从这儿误入歧途的。数字本身并没有设定任何标准。“多大才算大？”这个问题，单看数字是不能回答的。这已经是老生常谈了。在这个基础上，麦克洛斯基的问题是，数字为什么对人们有这么强的说服力，它们又是如何让人们信服的。为了回答这两个问题，她对市场自我决定这个案例进行了探讨。要为市场自我决定下定义，就要测量一体化市场当中两个市场主体之间的相关性，然后在一些统计数据的基础上判断这二者之间存在的“细微”差别。但是，判断“细微”差别需要基于一定的标准，而我们不能通过使用相关分析中得到的数字来简单地证明这种标准就是正确的。为了说明标准是如

何设定的，麦克洛斯基提到了延贝里-泽克标准（Genberg-Zecher criterion）。[19]

> 当我们谈论美国的货币供应时，我们会把“美国”当作一个重要的集合，但是我们却从不谈论加利福尼亚州或者佛蒙特州的货币供应。那么，这种说话方式背后必然存在着一个隐含的标准。这个标准就是，加利福尼亚州和佛蒙特州砖块、锯条和毛衣市场之间的差异并没有大到需要单独进行货币供应的程度。因此，加利福尼亚州和佛蒙特州的砖块、锯条和毛衣价格的平行运行程度就为我们提供了一个标准（延贝里-泽克标准），使我们可以衡量整个美国市场和英国市场的一体化程度。为了便于讨论，如果美国和英国之间的平行程度不超过加利福尼亚州和佛蒙特州之间的平行程度，那么我们有可能会像对待加利福尼亚州一样，把英国纳入到美国的货币供应体系中。[20]

总的来说，数字本身的魅力和事实的魅力，源于人们在使用和表达它们时都怀有一定的目的性，并且它们本身还是其所处语境的一部分。奥斯汀（J. Austin）认为，“我们必须考虑话语被表达时的整个情境——整个的言语行为”，麦克洛斯基在这儿是赞同这种说法的。[21] 设立标准、评价人物或者断言事实是社会活动，同时也是说服活动。这些活动背后的决策过程“既没写在星号里，也没写在统计表格里”。它们“属于会话修辞的范围，而不属于研究逻辑的范围”。[22]

但是，把这种修辞分析方法运用到经济学语篇中的意义是什么？我们可能会同意，合理的概念应该通过合理的论证来建构。我们也可能会同意，如果在经济学语篇中使用了修辞分析，我们可以说一种论证是合理的或者比其他的论证更为合理。不过，如果我们说一种论证正在“把它搞清楚”，那又会怎样？麦克洛斯基认为，这是一个既无趣又不重要的问题。她警告我们，我们应始终牢记，追求真理最后就是从各种可能的方法论中选出那个正确的方法论。她说， 90
真理就像第五个车轮：“只有爆胎的时候，它才有用。”她接着说：

> 如果我们认定货币数量论或者边际生产力分配理论是有说服力的、有趣的、有用的、合理的、引人入胜的并且是可以让人们接受的，那么我们也就没有必要知道这些理论是否是真实的了。理论的说服力或趣味等，来自某些合理的或者不合理的看法。在提出这些看法后，我们再去问“好吧，

> 这个理论正确吗？”这样的问题是没有意义的。理论就是理论——有说服力、有趣、有用……我们没有理由去寻找普遍存在的“真理”，而“真理”也只是用于回答“上帝想的是什么？”这个我们无法回答的问题。[23]

我们也不应该担心我们所说的是否“客观”。我们说科学知识是社会性的并且是由受众所决定的，并不等于说，它就是不可靠的或者受到了偏见的影响。我们说科学知识是客观的，其实是在说我们通过比较、定量评价和计算等（社会）标准验证了它是客观的。

因此，麦克洛斯基似乎一下子就撇开了认识论和本体论的争论。另外，我们可能很想知道，我们是否“把它搞清楚”了。我们会说，某个哲学学说或者某种科学思想没有“把它搞清楚”，并且不可能“把它搞清楚”，但这并不意味着我们永远不能把它搞清楚，也不意味着我们永远不能知道我们是否把它搞清楚了。再者，我们会说，我们的标准多客观，我们就能有多客观，这并不等于说我们的标准就是客观的。可以说，关于本体（substance）问题，有很大一部分还有待商榷，虽然我们对“它”的认识应该是正确的（或客观的），但是要想回答这些有待商榷的问题，还要取决于“它”是由什么构成的。这就涉及了我在本章开头提到的另一种批判性的方案，而这个方案会把我们的讨论带入到一个与之前讨论完全不同的方向上去。

第三节　经济学实践的实在论对象

与麦克洛斯基相似，劳森也是从评价经济学理论的现状入手的，但是他却有着完全不同的一套理论。他认为，经济学家要么因为无法容忍方法论而对它保持沉默[24]，要么就内心深处是赞成实证主义的。这两种态度对于经济学实践都是有害的。就第一种态度而言，方法论的哲学探讨被认为一无是处，不能为经济学理论的建构和应用做出任何贡献。而按照第二种态度，经济学理论会被强行限制在一组有争议的约束条件之内。如果把经济学理论强行限制在约束条
91 件之内，会带来很多危害。轻则，经济学家会觉得这些约束条件“碍手碍脚”，因而忽略它们（并“按照他认为合理的方式”研究经济学）；重则，这些约束条件会阻碍经济学的发展，从而使经济学的学科形象受损。

不过，不同于麦克洛斯基，劳森并没有完全抛弃方法论，或者拒绝讨论规定性问题。他提出，我们应该寻找一种不同于以往的、更好的方法论。首先，这种更好的方法论应该能够使我们去重新思考，经济学有没有可能成为一门不受实证主义规程约束的社会科学。这意味着，经济学理论领域内的自然主义问题必须要被重新考虑。[25]这里，我们强调自然主义的解释方向与劳森的分析方向是相同的，这一点很有趣。自然主义没有为科学设定图景，也没有把这种图景作为定义和判断研究对象的标准（认识论方向）。相反，为了使经济学成为一门科学，自然主义一开始就去探索经济学的对象必须是什么，并且清楚地说明了建构这门科学所需的每个细节（本体论方向）。正如我在前文提到的，自然主义从这个意义上说仍然是规定性的，只不过没有采用实证主义的方法罢了。

其次，更好的方法论应该使我们能用一种明确的方式确定经济学研究对象的本质。该本质应尽可能地独立于经济学理论对各种研究对象想当然（taken-for-granted）的表征，从而被当作社会实在的一部分来看待。[26]换句话说，更好的方法论应该避免陷入唯科学主义（现代主义/实证主义思想）和所谓认识谬误（epistemic fallacy），正是根据这种实证主义观点，本体论问题才能总是被还原或转化为认识论术语。[27]

> 如果我们试着去摆脱实证主义的影响，那么这也就意味着，我们明确承认了存在一个本体论的研究领域，一个由不及物对象——这些对象（至少在部分上）独立于以它们为研究对象的科学研究——构成的领域……方法论分析才有可能为包括经济学在内的科学研究做出批判性的和富有成效的贡献。[28]

劳森认为，批判实在论这个哲学视角能够用一种非实证主义的方式成功地达成方法论所追求的目标。下面就是这一哲学视角最主要的、最根本的观点。知识、以科学为导向的哲学和社会实践等的全部理论都预设了一个本体，即对实在本质的概念化。因此，我们只有通过探索世界必须是什么样的，才能使这些理论和实践等成为可能。实证主义哲学认为，经验是无法与实在相抗衡的，
因为经验把实在还原为我们真实的感受或真实的表现形式。特别是在社会实在 92
这个问题上，人类主体成了核心概念，而我们需要的却是一种更具层次化的本

体论图景。它不仅应该包括人类真正所能感受的，还应该包括一切因果上可能的。而在社会科学研究对象这个问题上，经济学对象便是其中的一个例子，我们应该关注社会实在中“变革中的人”（‘transformatively human’）的因素和“人类主观意图中的因果”（‘intentionally causal’）特征。[29]那么，这个观点与描述经济学实践和重构经济学研究对象有着怎样的关系呢？

“生产率表现”：实在论分析的一个样本

1983年，斯塔福德（B. Stafford）对各种不同理论展开了全面的研究，旨在说明过去100年来英国的生产率增长为什么会低于其他国家。[30]通过对比英国工业表现的各种经验证据和来自其他国家的经验证据，斯塔福德得出了英国生产率增长缓慢的结论。换句话说，较低的增长率是一个相对概念，在很大程度上取决于一种*对比*关系，而这种*对比*关系又确定了研究的范围。这是一个非常重要的条件，因为——正如我们将要看到的——要说明这类问题，关键在于问题最初是如何被描述的。[31]于是，英国较低的生产率增长水平就被看作是一个“对比”问题的结果，从而变成一个“事实”。

斯塔福德认为，通过考察能够说明英国生产率表现的各种因素，研究人员可以推测出，对这一问题的说明取决于对被说明对象的描述。他提到了英国“高度分散化的劳资谈判”及工人组织的相对地方化。[32]这表明，斯塔福德选择从劳动力对总产量的贡献这个角度来探讨生产率的问题。而另一种关于生产率的讨论，却可能把关注的焦点放在资本对于资本积累的连续推动上，为了增加剩余价值而做出的孜孜不倦的努力。[33]不过，虽然体制问题（如英国政府和/或管理措施或者抵制行为等）可能与生产率增长有关，但它既没有被纳入到这个说明中，也未被提及。这意味着，这个说明（实际上，是所有的说明）是片面性的。之所以这么说，不仅因为在研究对象的诸多因素中，只有个别的因素被选择和考虑到了，还因为“这些被选因素的类型会反映出调查者的兴趣和理解”[34]。但是，这并不是说这个说明就是不完整的，也不是说从经验角度来看
93 它是不恰当的。因为在研究对象描述所确定的范围内，这个说明可以被证明是完全“客观的”。不过，劳森还想更进一步：他想提出的观点是，相对于目前文献中有关英国生产率表现的各种说明，斯塔福德强调的是一套有决定性作用

的因素［包括社会结构和机制（mechanisms）］，而如果能适当地说明这些因素的来龙去脉，那么他的说明将是“从经验角度来看最为恰当的说明”[35]。

那么，斯塔福德说明的结构是怎样的呢？又该如何去理解斯塔福德说明所强调的决定性因素，从而使人们认为它是成功的（或者说最成功的）说明？劳森使用了一系列的步骤来呈现斯塔福德说明的底层逻辑，我对它们做了如下总结：[36]

（1）由于我们试图建立英国生产率的相对增长率，因此，我们应该寻找一个因素（若干结构、机制），它只存在于英国，并且可能会导致英国生产率的这种表现。

（2）资料表明，英国与其他国家的区别在于，与工人工作相关的大部分谈判是在地区范围内而不是全国范围内展开的，而且工人是按照岗位技能而不是行业来组织的。

（3）与（2）中提到的两个因素结合到一起，使得整个机制“抑制了决策制定的协调，无法对生产领域的变化做出迅速或流畅的反应”[37]。

（4）关键因素包含两层意思：一方面，任何变化，如技术进步，都会对就业机会带来负面影响（使用更多的机器意味着要裁掉更多的工人），因而会刺激工人去抵制这些变化；另一方面，由于工人组织是地方性的而不是全国性的，因此工人的抵制使得谈判只能在一种分散化的劳资谈判中进行。

劳森得出的结论是：

这个说明关注的是一组结构。这组结构使工人们拥有一种权利，能够对各种结果施加重大影响，而行使这种权利本质上就是一种自我保护。工人通过讨价还价来维持他们的生活水平和保障他们的工作条件，或者至少可以从会给他们的工作环境、技能和地位等造成不利影响的变化中得到部分补偿。但是，谈判是需要花费很长时间的，而且工人们还有可能反对谈判，这甚至可能会阻止管理层做出改革。[38]

（5）在其他国家中，谈判是通过一个全国性的法定制度展开的，但在英国这样的国家，谈判却是地方性的，因而在涉及变革和生产率增长的问 94

> 题时，这种谈判必然会更为僵化而且过程也更加漫长。

劳森认为，从经验的角度来看，所有这一切都被完善地记录下来了。不过，尽管大多数经济学家很可能会发现这一说明是很恰当的，然而这个说明并不足以使我们理解英国生产率增长缓慢这个现象。例如，鉴于英国的情况已经得到了清晰而正确的评价，那么为什么这种情况仍然几乎没有得到任何改变，或受到任何质疑呢？答案可能在于，人们对于英国特有产业制度的产生和存留的理解。[39]劳森认为，我们可以从三个层面上找到答案：首先，理解分散的谈判制度出现的原因；其次，理解使这种制度得以存留的社会进程；最后，理解这个制度没有在其他国家出现和存留的原因。

每个层面的理解（历史的、社会的、比较的）都是为了发现（一些）条件和原因。它们可以使这个机制能够在某个特定的国家出现并发挥作用，并且能够在那儿“开花结果”。历史分析、社会理论和比较研究这些研究策略，都可以使研究者能够提出适当问题并获得相关发现。如果我们将上文提到的各种研究策略结合到一起，并相应地展开不同类型的研究，那么经济学说明及更为一般的经济学研究领域，较之似律规则（law-like regularities）进行的实证主义重构似乎更为复杂，而且实际上也更加“杂乱”：

> 实证主义将科学概念化为对事件规律性的阐述，与这种过于简单的概念化不同，发现和说明各种重大因果结构和机制（包括基于地理历史因素的动态总体性）的过程，通常会是一个异常艰辛、费时费力的变革活动（transformative activity），而由此得出的结果往往是片面的和偶然的（而且还常常会受到人们的质疑）。[40]

如果我们暂时不去探讨这个案例中研究所展开的具体细节[41]，那么对于英国“缓慢的生产率增长”这一问题所描述的经济学研究对象，我们能够从中得到什么结论呢？如果我们沿着劳森实在论重构的思路，那么首先，从本体论的
95 角度来看，这个经济学研究对象是一个*有结构的*对象，因为它的组成部分并不只包括经验规律中的各种关联模式。这个对象涉及了结构、进程和趋势，而这些结构、进程和趋势由于在一定程度上是独立于似律规则而存在的，因而使我们

能够根据因果关系来识别出这些模式。

其次，从认识论的角度来看，我们可以强调，这是一个*复杂的*对象。我们可以通过不同的经验重构来识别它，而不需要去假定我们能够在理论识别之外的外部世界中找到诸如“缓慢的生产率增长”这样的现象。不过，在这个作为研究对象的现象具有经验主义相关性之前，我们首先根据研究的需要对它进行系统的阐述，进而回答一些问题，探索一些后续的答案。

最后，从方法论的角度来说，为了理解经济学研究实践所指称对象的种类，我们有必要去审视经济学研究实践，而这种审视不应仅仅局限在对经济学语篇说服力的评价上。麦克洛斯基认为，经济学语篇有说服力并不意味着它就是真实的。事实上，我们应该满足于经济学语篇的说服力，因为经济学并没有由于经济学语篇的真实性而变得更加重要或者更加有趣。劳森对于真实性的看法更加复杂，从而能够将真实的对话包括在内。真实性应从“表达-指称”的意义上去理解，它不断地提醒我们

> 无论是理论建构的各种表达，还是表达的指称对象，都无法被还原或确定为另一方。二者之间并没有对应关系。这一术语表达［见于“表达-指称（expressive-referential）”］也表明，要捕捉事物本质可以有不同的方法，有的好些，而有的差些。[42]

在实在论方法论的引导下，经济学家会假定，经济学语篇的指称对象既不完全是凭空创造的，也无法被还原为他们的话语建构（discursive construction），在此基础上，经济学家才会去“表达”他的语篇（或者他的观点、推理和规律等）的指称对象。

上面的最后一点也可以这么说，即实在论方法论不仅涉及了经济学，更涉及了一般意义上的社会科学。所有方法论都预设了一个本体论前提（劳森在这点上是正确的）。本体论的质疑要求研究必须是描述性的（能够说世界必须是什么样的）。这并不意味着，存在的就简单地等同于与我们所能认识的（实证主义的做法）或者描述的（解释学的做法）。能够被描述的包括有意义的或者可辨识的，但是有意义的或可辨识的（特别是与我们的知识或研究的某个特定发展阶段有关系时）未必包含所有的存在。但是，我们也不应忘记社会领域中

的“*存在*”，*事实上*（*ipso facto*）并不是社会科学研究的一个“对象”。这就是为什么我们只能通过建设性的认识论才能完成描述本体论质疑这一任务。用康德式的语言来形容劳森的观点就是，如果没有社会本体论的社会科学方法论是空洞的，那么没有建设性认识论的社会本体论将是盲目的。

96 第四节　经济学的“片面”对象

本章分析的两种方法都把经济学研究实践作为它们的出发点。“实践”在这里指的是经济学家的研究领域，通常由经济学家在研究和分析过程中使用的观点、理论、研究策略、测量技巧、说明假设和对象描述等组成。

以此为出发点，我们可以提出两个概括性的问题：经济学家在探讨什么？经济学家如何探讨？针对第一个问题，修辞学的方法认为，经济学语篇是关于如何说服他人的（经济学语篇就是自我指称的语篇），而实在论方法认为，经济学语篇是关于实在结构和/或机制的(它表达的是一个在某些方面超越语篇本身的指称对象)。对于第二个问题，修辞学的方法从一开始就假设，经济学语篇之所以具有说服力，一定是因为存在某些语用原因，并在此基础上探索经济学语篇是如何发挥作用的。实在论方法也进行了同样的研究，只不过这种方法的假定是，经济学语篇具有说服力或非常成功，除了有语用学的原因，还有本体论的原因。

这两种方法遵循的是两种不同的方法论策略，不过却有一个共同的特点：经济学家探讨的内容和探讨的方式是相辅相成、不可分割的。只有当一种描述工具被引入之后，经济学家才能提出某些问题、给出一些定义并且做出一些分类，然后像生产率增长、市场自我决定或者需求曲线等才能成为有意义的经济学研究对象。用一个俗套点儿的术语来说，这些对象是“理想类型的”对象。[43]这并不是说，存在一种能够将它们的意义和指称“固定”为标准用法的理想理论，而是说它们之所以成为研究对象的部分原因在于理论语境。这个语境未必会把经济现象还原为话语建构（discursive construction），也不会削弱经验证据的作用。[44]相反，理论语境可以与经验证据产生有效的互动，因为这种语境通过创造条件，使我们能够区分现象和我们为了理解这些现象而利用的事实。

那么，客观性在经济学中如何可能？从本章分析的两种观点中，我们至少可以推断出两个结论。首先，正如我们从麦克洛斯基那里了解到的，真实性和客观性不能脱离实际的方法和那些使经济学家的观点站得住脚的理论建构（它们并不是普遍的方法论准则）。麦克洛斯基认为，真实性是“被创造的，而不 97
是被发现的”[45]。但是，她又谨慎地补充说，这并不意味着经济学理论都不是客观的，也不意味着一种理论比另一种理论更客观。

> 经济学或者其他科学的社会建构并不是可怕的相对主义……世界仍然在那儿。但是，我们仍然在建构着世界。这就像捕鱼。上帝让鱼在那儿，而人类则要去结网。要抓到鱼，我们既需要鱼，也需要网。鱼既是由社会定义并由人类用渔网捕捞上来的鱼，又是在海里生存的有血有肉的鱼，争论它们“究竟”是社会的抑或“究竟”是客观的，其实是没有意义的。鱼最好两个都是，要不然我们在周五就吃不到鱼了。[46]

但是，如果按照麦克洛斯基的思路，我们怎样才能区别，或者说我们能区别我们捕的鱼是用经济学的网捕上来的吗？我们从劳森这儿学到的另一个教训是，经济学研究对象只能通过研究被部分地表达出来。这是由于两个原因：首先，对象固有的*复杂性*；其次我们的知识在本质上是*历史的*、依托于一定*语境的*和*暂时的*。但是，一个只是被部分表达的对象并不等同于一个错误的或者被歪曲的对象。它是由一个又一个或几个特定的（并且是明确的）组成部分确定的。

> 如果我盯着一个人的眼睛，试图去估计他对我说的话会做何反应，或者，如果我在向他人描述我的印象时将对眼睛解读的描述也包括进来，那么无论从哪个方面来说，我都没有……*必然地*错误表征这个人的反应……采用一种部分的方法，*本身*并不是要对研究对象进行歪曲。诚然，这种方法会牵扯到歪曲，但是此歪曲并非彼歪曲。[47]

劳森认为，关注一个对象的某些特征而忽略其他特征是一个典型的抽象化过程。当然，选择一个关注点会带来各种问题，这些问题涉及分析观点、概括水平，以及与二者都有联系的时空延展问题等。[48]不过，即使我们承认一个关注点终归只是一个依赖于特定语境的特征，这也并不意味着关注点之外的特征就可以忽略，也不是说语境特征的存在是孤立的。

> 这些特征不能像点状事件一样，被视为孤立的、暂时的现象。每个特征都必须被当作是对剩余特征的表达，或者说每个特征都表达了对与之相关的整体，以及（或包括）该特征本身的历史。[49]

这种抽象化的观点，不仅与在阐述事件规律性时所体现的一般化的实证主
98 义观念相悖，而且与抽象化在主流经济学建模过程中所采用的形式也是相背离的。劳森认为，在前一种情况当中，如果要规律性发挥作用，事件和事态必须“脱离与内容相关但常常又是至关重要的语境”。最后，规律性得到了，但是代价也不小：所得到的规律只能产生广义的概括。而在后一种情况中，如果模型要发挥作用，那么它们必须是封闭的系统。也就是说，这些模型所关注的特征必须要在模型自身所设定的条件下被隔离对待。但是，劳森在这里提出了反对意见。他认为封闭系统不适合处理社会现象。[50]社会现象属于社会系统，但是社会系统作为“有结构的互动过程”[51]，在性质上是开放的。这在一定程度上说明了，为什么经济学模型所处理的经济现象，常常只能对真实的社会互动过程中发生的事情做出蹩脚的说明，或者只能给以其为模型的社会情境中的决策提供有限的指导。这些模型中人为设定的可控条件，要么常常与真实情境中复杂多变且又数量众多的层级化的变量相去甚远，要么就是过于局限，无法用它们的语言和假定来处理真实的情况。

下面的这个例子很有启发意义。20 世纪 70 年代末，健康经济学家建立了一个可以衡量生活质量的模型（QALY 模型）。在罗瑟（Rosser）和金德（Kind）的公式中[52]，一个健康年的值是 1，一个不健康年的值是 0：在 0 和 1 之间的各种不同的健康状态都被赋予了相应的值。健康状态是根据两个参数定义的：客观的伤残和主观的疼痛。客观的伤残被分为八个级别，主观的疼痛被分为四个级别。二者都不是由某种疾病所决定的（表 4.1）。

99 **表 4.1　疾病状态分类**

残疾
1. 无残疾。
2. 轻微的社会交往残疾。
3. 严重的残疾和/或工作表现轻微损伤。能做除重体力活以外的各种家务。
4. 工作选择或工作表现严重受限。家庭主妇和老年人只能够做轻度家务，但能够外出购物。

续表

5. 不能从事任何有报酬的工作。不能继续接受教育。除有人陪同出行外，老年人被限制在住所内，不能外出购物。家庭主妇只能完成一些简单的任务。
6. 被限制在椅子或轮椅上，或只有在他人协助的情况下，才能在住所内移动。
7. 卧床不起。
8. 没有意识。
A. 无焦虑。
B. 轻度焦虑（轻微疼痛，服用阿司匹林可缓解）。
C. 中度焦虑（疼痛，无法通过服用阿司匹林缓解）。
D. 严重焦虑（疼痛，需使用海洛因）。

注：引自 Rosser and Kind；1978，p.349

每种状态的值都是通过采访来确定的。大约有 70 人参加了这次实验（其中包括患者、医生、护士和很多健康人）。首先，这些人被要求根据每种状态的严重程度来标出相应的健康状态，并且用数字来描述不同的状态。比如，他们会被问到一个人在 X 状态下多少次就比一个处在 Y 状态下的人“病得更严重”。其次，受试者被要求去决定（实验组织者向受试者提供了有关患者预后的统计信息）不同的状态下需要分配多少资源才能重获健康（表 4.2）。最后，这些受试者被要求在同一个模型中定位死亡状态，并提交同样用数字表示的治疗方案（表 4.2 中，死亡的分数是 0）。

表 4.2　QALY 模型

	焦虑			
残疾	A	B	C	D
1	1.000	0.995	0.990	0.967
2	0.990	0.986	0.973	0.932
3	0.980	0.972	0.956	0.912
4	0.964	0.956	0.942	0.870
5	0.946	0.935	0.900	0.700
6	0.875	0.845	0.680	0.000
7	0.677	0.564	0.000	−1.486
8	−1.028	—	—	—

注：引自 Kind，Rosser and Williams，1982，p.160

根据罗瑟和金德的研究，这个模型能够成功地用于确定患者在治疗后的生活质量，还可以用于决定如何平等而有效地分配各种医疗资源。这个模型至少可以被当作一个可靠的工具，用以表明在患者群体中应该如何分配社会上有限的医疗资源。

但是，这个模型却带来了很多问题。其中，一些问题与生活质量调节因素的计算方法有关，另一些问题与模型在使用 qaly 模型来测量生活质量时所依赖的假设和/或隐藏的前提有关。在接下来的部分中，我将只回顾后一类问题，并说明一个人的生活质量其实是可以计量的概念这一观点背后的逻辑。[53]

似乎存在一些关于人们生活的“事实”。它们在客观上是可以确定的，并且被认为可以当作决定一种生活是否比另一种生活更值得过的标准。身体健康就是其中之一：身体健康是人们的所有偏好中排名最高的项目。罗瑟和金德模
100 型实际上要求我们在不同类型的生活之间做出选择，他们这么做的基础是这样一个假定，即存在一种*理想*的、不会受到干扰的生活，人们最喜欢的生活。这个假定对于接下来的这个观点也是成立的，即比起漫长但不健康的生活，短暂但是健康的生活更好，因而更受到人们的喜爱。这个对比没有考虑到的问题是，尽管有各种外在因素存在，所有人都同样*希望活得*尽可能的长和尽可能的好。换句话说，计算 QALY 模型对比，似乎从一开始就将人们对于生活的感受和评价排除在外了。因此，一个在此基础上制定的政策，似乎将会忽略一些道德因素。这个模型关注了大众的利益，却忽略了对个体的公平。

此外，利益的衡量含蓄地体现了对一些隐藏前提的认可。这些前提又是什么？找到答案的一种办法也许就是，去考察罗瑟和金德模型当中的价值中立。我说过，这个模型似乎是在宣扬一种建立在可计量“事实”基础之上的“理想生活”图景。但是，为了使这种生活能够按照模型要求的方式进行下去，研究者必须设定一系列的假定。例如，研究者需要假定人们都是利他的，以至于因为某个行动可能对于他人来说是有害的（按照 QALY 模型标准，一些人比另一些人可能从某种只有少部分人才能享受到的治疗中享受到更多的益处），而不会为了个人的利益而采取这一行动（如接受这种治疗）。或者我们必须假定，人们对于某些疾病或者残疾是没有偏见的。或者我们还必须假定，人们对于生命的绝对价值没有任何（宗教的、道德的或其他的）信仰。

所有这些假定共同反映出，这个模型暗含了一种预设的道德观：最终，理想的生活不仅是一种健康的生活（从事实角度来说），而且是一群利他的、没有偏见的、公正的人们眼中理想的生活（从规范性的角度来说）。但矛盾在于，这个模型似乎假定了，只有理想化的个人才能对真实的人的生死做出正确的决定。当我们在评价一个 QALY 模型的客观性时，这是需要我们考虑的一个有趣的结果。事实上，这个模型似乎并没有明确说明这些道德预设，而只是把它们隐藏在各种可测量标准的客观性背后。但是，这些预设对于模型是至关重要的：正是因为我们从原则上评价理想生活时使用了一种特别的方法，我们才能在实践中使一种生活与另外一种生活互换。

那么，罗瑟和金德的模型行得通吗？这个模型能像设计者所设想的那样，
反映出人们可以忍受的生活极限吗？在最初的模型中（表 4.1），诸如“卧床不 101
起，并伴有中度疼痛”或者“坐轮椅，并伴有强烈疼痛”等状态都被赋予了和死亡一样的数值；而“永久性的无意识”或者“卧床不起，并伴有剧烈疼痛”等状态的数值甚至要低于死亡所对应的数值。在这些情况中，安乐死合法化看起来不再那么离经叛道了，因为它在客观上是符合患者利益的。遭受病痛折磨的患者对终结他自己的生命所表现出的“偏好”，是建立在对他们的生活意愿进行客观评价的基础上的。而主观上想活下去的愿望，是通过评价客观上可以忍受多少疼痛来决定的。但是，围绕安乐死的社会辩论教会我们，当人们对于生的愿望终结后，仅仅凭借罗瑟和金德模型中计算得出的生活质量，我们是很难做出死亡决定的。我们通过做一次区分就可以表明这么做会带来多大的风险。

可以说，个体对“生物生命”（biological life）的忍耐并不等同于他对“传记生命”（biographical life）的渴望。有趣的是，无论对于如何区分个体是否为“人”的辩论，还是对于“人”应被宣布死亡的时间或状态的讨论，这两种生命之间的区别都具有至关重要的作用。如果生物生命不是个体的全部，那么当个体比其生物生命“多出来的部分”不存在时，我们能否决定这个个体也将不复存在了？这个“多出来的部分”是由什么构成的？是个体的“传记生命”吗？或者说，个体的人身上是否存在一些生物事实，使该个体能成为特定的人？假设存在这样的生物事实，但如果这些事实从某人的生命中消失（或者说假如它们从来没有成为某人生命的一部分），那么该个体就不再是人了吗（他的人的

部分已经死了，而仍然活着的部分也不再是人了）？[54]

我们还需要问的是，愿意活下去是为了谁？忍耐下去又是为了谁？让我们想象一连串可能的生物状态。在这些状态的一端，我们发现在一些状态中（如生物体功能的永久性停止或者高等级的大脑功能遭受了不可逆的损伤），由于我们讨论的个体已经不是一个够格的个体，因而他不能让自己的存在有任何意义。而在另一端，我们发现在一些状态下，一个够格的、有自我意识的个体正由于几个无法容忍的原因而受到生物生命的困扰，并因此失去了康复的希望。对于不够格的个体而言，对生活的“渴望”和“忍耐”是由某个其他个体（如医生、患者家属或者医院管理层等）替患者做出的一种间接判断；而对于够格的个体而言，对自身生活的愿望是患者根据自身经验（包括他能忍受的和他不能忍受的）和从其他相关个体（医生、家属等）等处获得的信息而做出的直接
102 判断。这样的“证据”使得患者能够把自身想活下去的渴望与他做出这种选择所要承担的后果（如疼痛、失去做人的尊严等）匹配起来。在这两种情况下，某人对生活的渴望/忍耐肯定与是否允许延长寿命的决定有关，但是这里还要涉及其他的相关因素。

这并不是说模型（如我们在这儿提到的这个模型）没有价值，空洞而又微不足道。实际上，模型对于医院政策的制定或者医疗界的制度性决策都有重要的作用。但是，我们在开始的时候应该承认模型是有片面性的。片面性在这里包含下面几个意思：

（1）关注点的选择（本例中是比较效益）；

（2）适用于人类生活社会层面（生活质量）的测量工具的选择；

（3）对带有价值倾向假定的默认选择（什么使生命有意义、谁的生命更/最有价值、生命“价值”的比较、接受生命“质量”能够用经验工具和/或数学工具来客观评价，等等）。

片面性*本身*并不意味着不能使用。在我们生活的这个世界里，各种现象林林总总、纷繁复杂，当面对这些现象时，片面性只不过是（或者应该被当作）对模型的一种经验上的挑战罢了。

第五章 地理学对象

第一节　自然科学还是社会科学

地理学可以被定义为是研究“地球表面人类活动空间”的一门学科。[1] 对于地理学是干什么的这一问题，一个为人们所熟知的官方定义是由理查德·哈特向（Richard Hartshorne）在20世纪50年代提出的：

> 地理学的目的是提供地球表面上变异特性正确的、有规则的和合理的描述及解释。[2]

从字面意思来看，这两种定义为我们理解地理学研究对象提供了一些初步的思路。首先，地球“表面”不仅包括树木、峡谷、狐狸和火山，还包括在很大程度上为了生存而与这一切相互作用的人类。事实上，正是因为这种相互作用（当然不只是这么一个原因）的存在，我们才能把地球表面当作一个*变量*来看待，而且又由于这种相互作用，地理学的构成要素和研究对象才得以扩大，把边界、领土、地形等事物包括进来，但同时令人感到费解的是，这些对象既有“自然”的一面，也有人为的（人类强加的或者建构的）一面。

因此，按照传统的知识划分，地理学可能缺乏一个明确的定位。它究竟是一门什么样的学科？是自然科学还是社会科学？在古希腊时期，地理学最初被视为一门独特的学科[3]，它既不属于自然科学，也不属于社会科学。因此，这个问题就当时来讲是没有意义的。在这个时期，自然与人是合而为一的。人是自然的一部分，并没有脱离自然而独立存在。因此，一个地区的“地理”会包括对（自然和人）二者的描述。直到 19 世纪末的德国及之后的英国和美国，地理学才被当作一门学术性的学科建立起来。此后才有了地理学的定位问题。[4]
104 在大学里，地理学的划分须按照既定的自然科学和人文社会科学的划分方式。但由于学科的研究内容莫衷一是，地理学有时会被划分到自然科学领域，有时又会被划分到艺术或者社会科学领域。这种不确定性使人们倾向于把地理学分为两部分：研究自然世界的地理学，叫作“自然地理学”（physical geography），以及研究人类/社会世界的地理学，叫作“人文地理学”（human geography）。

哈格特（P. Haggett）指出，无论是过去的地理学家，还是现在的地理学家，他们都认为这种区分不仅是武断的，而且更糟的是，这种区分对于地理学这门学科来说甚至是有害的。事实上，地理学家认为，这种区分最终会让人们更加难以理解地理学最本质的研究领域究竟是什么，进而最终会影响到人们对于地理学学术形象的理解。[5]但是，考虑到自然地理学和人文地理学的这种划分并未拒斥二者在研究方法、研究对象和研究程序上的共同兴趣，我们可以说，承认学科内部的这种划分也许是有必要的。对于一个（像我一样的）外行而言，把地理学“一分为二”的观点可能提供了一种方法，使我们能够更好地认识到地理学的研究重点在哪儿。一方面，地理学家可能会把注意力主要集中在对地球物理性质（气候学、地形学、生物地理学等）的研究上，而只是顺带研究一下它们对于人类的影响。另一方面，地理学家可能会特别关注某个地区的人文地理性质（经济、社会、政治和历史等），只有当这些领域内的人类活动涉及自然环境时他们才会去研究自然环境。这两种地理学研究之间的差异不能说不大。

按照分离主义者（separatist）的观点，地理学中更接近于社会科学的是人文地理学。不过，正如我们所看到的，由于人文地理学的研究内容在一定程度上既涉及了自然界，又涉及了人类社会，因而我们需要用不同的方法来研究这两个世界之间的关系。这主要取决于分析的焦点倾向于自然的一面，还是倾向于人文的一面。因此，即使我们把研究的重点放到人文地理学上，地理学这门学科的属性及其研究对象的性质这一问题，仍然没有得到解决。

第二节　“空间与场所”：定量重构

在 20 世纪 50～60 年代，有一些地理学家倾向于用自然主义的/科学的术语来考察空间与人之间的关系，并逐渐将研究的注意力转移到一个非常宽泛的实证主义视角上。这一研究视角的魅力主要在于定量表达，即运用数学或者统 105
计术语来明确阐述地理学的研究结果。[6] 在使用这种定量表达后，研究结果才可以接受经验检验和经验检验。[7]

这种实证主义的/定量地理学关注的是“空间与场所”（space and place）。[8] 按照约翰斯顿的说法，我们可以从两个层次上理解和分析“地方是什么？”（What is where?）这个问题：

（1）一个特定场所特有的现象综合体是什么？

（2）一个特定场所特有现象的分布模式是什么？[9]

这种方法对研究对象进行了框定，关注空间的某些方面并因此忽略了空间的另外一些方面。约翰斯顿认为，其中一个被关注的对象是空间的作用，又称作“阻抗因素”（impedance factor）：

> 穿越空间，涉及时间、各种成本和其他因素。为了尽可能地避免这些代价，人们在组织社会时，应从空间结构上降低甚至是最小化所谓的“距离摩擦”（frictions of distance）。于是，对于很多人而言，人文地理学就变成了对“空间科学”（或者空间社会科学）的研究，而他们也在不断尝试着发展各种理论来印证这种观点。[10]

上述观点的核心在于*空间分布*这个概念。空间被想象成为一个“不同对象之间距离关系的系统”[11]。首先，我们可以通过空间“指标”来研究这个系统，空间“指标”运用几何图案确定空间排列。[12] 然后，我们就可以用距离的水平关系来定义不同对象的分布，而这些水平关系反过来确定了空间上的相对位置，或者“*区位*”。按照这种方式，我们可以用分布模型来研究空间，并且可以用定量方法来分析这些模型。因而，实证主义的/定量人文地理学就发展成为一门“空间科学”。

为了满足这门科学的要求，在收集和组织关于某些场所及这些场所内人类活动的事实和材料时，我们需要遵循两个基本的准则：采用系统的分析程序；将地区重构为“地理概括”。[13]最后，按照这个视角，人们用地区来表示地球表面特定区域群组周围的大型数据组。在取得重要证据并将其系统化的过程中，人们需要用规律、概括、经验假设和形式的/数学的模型等工具，它们都具有典型的实证主义特色。下面的这些例子将帮助我们理解这种分析方式。

106 第一个广为人知的例子就是克里斯泰勒（W. Christaller）的中心地理论（central place theory）及其在商品零售中的应用。[14]这个理论旨在为城市居民点和零售点的相对空间分布提供预测。该理论假设商家和顾客都是效用最大化的追求者。如果用城市居民点的地理布局来表示这一点，这就意味着商家会把店铺设在能使顾客的出行成本最低的位置，并同时使双方商业交易的效率和价值实现最大化。在这个假定的基础上，该理论预测了商店应设在位于商家店铺选址区域的中心位置。这一预测可以通过形式（或者几何）模型来表征。按照这些商店所售商品的“范围”和“种类”（即按照购买者为了获得某些商品而愿意出行的距离，以及与经销某些商品的商店能够维持经营所必须具有的规模），模型把商店按照六边形分布在中心地之内[15]。这个模型通过预测最小化顾客出行距离的模式，向我们展示了各种形式的购物选择和零售点位置的配置方式。

约翰斯顿列举的另外两个例子在这里也许会有些用处。一个例子来自“工业区位论”（industrial location theory）。这个理论源于经济学理论，是新古典经济学概念在地理空间上的应用。[16]这个理论的初始假设是，所有制造企业的企业主往往都会把他们的工厂设在可以大幅降低生产成本和物流成本的地方。在这些成本当中，相关度最高的是运输成本。该理论的重要前提因而也就变成了“制造业企业的工厂选址应使运输成本最小化”[17]。地理学家在此基础上发展出了工业企业的物流模型，这些物流模型反过来又引出了一系列有关工业企业区位选择的假设。在这些假设被提出后，地理学家会通过经验检验来对它们进行验证。[18]

另外一个例子则是来自从城市地理学（源于芝加哥学派关于土地使用模式的社会学研究）中发展出来的“城市社会空间”（urban social areas）理论。[19]根据这一理论，社会可以按照民族、经济或各种共同兴趣划分为不同的群体。每个群体的成员希望生活在跨群体联系最少的区域。不同群体之间的距离在此处被当作一种社会障碍，而城市居民区的空间组织反映的就是这种把距离当作社会机制的观点。如果从实证主义的角度出发，那么我们可以用形式化模型来表征这个观点。这些模型解释了空间隔离/聚集与城市区域地形学之间的关系。[20]

因此，一般来说，这种分析（常常会以较为明显的方式出现在地理学报告 107
或者文章中）通常要经过以下几个相互关联的阶段[21]：

> （1）选定研究区域，建立相应模型。这个模型通常是对“现实世界”中相应情境的简化映射。为了使用我们上面提到的例子，模型应该描述制造企业或零售店铺的土地使用模式，或者城市隔离及聚集的模式。
>
> （2）建立模型后，由于模型有助于解答须由经验或实验（田野调查）方式来回答的问题，所以应该被用于指导经验研究。在所选模型的基础上提出的问题构成了地理学假设。例如，为了使用工业区位论，我们就应该假设“工业企业土地使用的集中度会随着前往市场距离的增加而降低”。
>
> （3）在研究过程中应对地理学假设进行检验。需专门设计着眼于经验研究的检验程序。

实证主义人文地理学曾在20世纪60年代被广泛传播，并因此兴盛一时。但是到了60年代末70年代初，它却受到来自各方的批判。实证主义分析把人文地理学研究内容本质的核心特征排除在外，因而一部分批判将焦点集中到了实证主义分析的这一做法上。[22]人们认为，实证主义方法在空间和空间分布分析中缺乏对社会、结构和人类生存所需物质条件的关注：这是马克思主义历史唯物史观对实证主义地理学的批判，这种批判成型于20世纪70年代初。我们很快发现，这种实证主义方法在定义和处理地理空间的过程中，由于忽略了人这一主体的作用（意愿、信念、感知等）而饱受批判。

第三节 “空间与场所”：定性重构

作为有思想的个体，人类自己创造了整个世界。实证主义人文地理学由于没有提及在这个世界上生活着的活生生的人而遭到了批判。例如，地理建模中经常用到的“经济人”这个模型，似乎就是对一名社会行动者所作所为的一种不恰当的理想化。如果“经济人”是一个“拥有完美预测能力并完全知晓各种成本因素的决策者”，那么这并不等同于他就能认识“客观实在”，也不意味着他能看到“研究人员所观察的世界”。[23] 我们知道，如果人文地理学要恰当地
108 处理其研究内容，那么这门学科就必须努力去理解人们是如何在他们所处的环境中生活的（从某些地区及其居民“内部”进行的研究，而不是从“外部”研究人员的角度展开的研究）。[24] 虽然这种研究视角在 20 世纪初就已经出现了，尤其在历史地理学的研究中这种视角出现得更早 [25]，但是直到 20 世纪 60 年代人文主义的方法被用于研究地理学时，它才被人们不断地重新提出。人文地理学的发展有两个途径。一方面，尽管一些地理学家并不持有特定哲学视域下的人文主义观点，但是总体来说他们还是赞成将研究置于哲学视域之下的。另一方面，其他地理学家通过严格确定的（well-identified lines）哲学论证把地理学变成了一门“人文主义”学科。

柯克（W. Kirk）的例子能够很好地说明上述的第一条途径。他把“地理环境”分为现象地理环境和行为地理环境。[26] 行为地理环境所包括的事实与现象地理环境所包括的事实是相同的，只不过这些事实是可以被人类所感知的——也就是说，人类可以通过他们的兴趣、偏好、思维模式、文化和社会传统等感知到这些事实。[27] 这与实证主义人文地理学一样，空间与场所仍然是研究的焦点，但是现在我们知道，在这门学科中我们必须要像对待其他充满了“人类体验”的概念那样去对待空间与场所。这也就是为什么很多具有人文主义倾向的地理学家会不断地去探索地理学与文学之间可能存在的各种联系。他们认为，对于人类是如何体验环境的，文学常常能够提供有趣的线索。作家和小说家不仅在描述世界，还在塑造世界。人文地理学家常常创造出极富表现力的景观

（landscapes）和地区（regions），而这些景观和地区反过来也影响了人们对于世界的认识。[28]

至于上文提到的运用人文主义方法研究地理学的第二种途径，地理学家会通过采用明显的反实证主义哲学视角（现象学、存在主义和各种形式的唯心主义和实用主义）来反对实证主义框架。这些哲学视角不再把人类看作“地图上的小点儿、图表中的统计数据或者等式里面的数字……他们不再只是从X处到了Y处，或是在X中心而不是Y中心购物……”[29]正如我们从恩特里金（J. N. Entrikin）的著作中读到的，这些精心确定的哲学论证使得地理学家去关注独特的人文层面：“意义、价值、目标和目的。”[30]

那么，从哲学视角介入地理学会对地理学的实际研究产生怎样的影响呢？第一个例子是从唯心主义视角看待地理学研究。其中，科林伍德（R. Collingwood）的观点有很大的影响力。在其著作《历史的观念》中，他提出，历史（即人类行动的具体表现）及历史研究（历史学家的观点，受到了被他称为“历史想象”的影响）中存在一个不可避免的“主观要素”。理解历史“既 109
要看到历史的个性，还要把历史中的每个事件视为一个不可替代的、独特的整体中的事件”。这种分析方式与实证主义重构是截然不同的。实证主义重构试图找到那些“符合规律的事件”，把历史事件和人类的历史行动看作“既成事实的简单重复”。[31]人们只是在按照计划、目的和意图让历史不断地发生。历史学家从确定一个事件的“外围”（“外部”语境）开始研究，目的在于揭示对个体行动（事件的内在）有影响或有促进作用的主观动机。

有人认为地理学研究也应该采用类似的方法。哈里斯（C. Harris）和圭尔克（L. Guelke）倡导的观点就明显利用了科林伍德的提法。哈里斯认为，为了与“历史想象”相并行，地理学家应该有“地理想象”，使他们能够像历史学家浸入到某个“时期”那样浸入到对某个“地区”的研究中去。[32]圭尔克认为，地理学家应该把注意力集中在某些行动的地理学意义，把空间布局（定居点和景观等）理解为“其创造者思考”的结果。[33]

人文地理学受到反实证主义哲学影响的另外一个例子是现象学方法。从现象学的角度看，现象之所以表现为它们目前的状态是因为它们得到了有意识的体验（conscious experience）。因此，现象学研究的任务就是分析和理解我们对于现象的（主观）认识的基本特征，也就是去分析和理解使诸多现象之所以如此（并且使得它们应该如此）的思维模式。空间就是其中一种思维模式：从现象学的角度看，空间是一种纯粹的意识现象（pure phenomenon of consciousness）或我们的主观认识现象（phenomenon of our subjective knowledge）。

在地理学中，空间的人文主义重构也体现了一个类似的观点。例如，雷尔夫（E. Relph）认为按照人文主义的方法，空间与场所为“个体和群体提供了安全感并赋予了其身份”，因而应据此展开对空间和场所的分析。[34] 我们通过景观设计、城市规划和住宅建设等来表达我们共有的一种“场所感”。这种感觉反映了个人及社会或文化对于某个特定环境的感知。艾尔斯（J. Eyles）分析了居民对其生活场所（一个英格兰小镇）的描述，并在此基础上得出了四种“场所感”。[35] 他用“冷漠的”场所感来表达居民对场所的漠视。“社交的”场所感用于描述居民对于朋友或亲属所居住社区的认同感。“工具的”场所感是针对
110 那些可以提供工作和生存资料的地方。最后，“怀旧的”场所感则是建立在传承概念上的。艾尔斯分类的有趣之处在于，它表明了“场所感”的意义不能被局限于空间环境这一地理学概念。同一个场所对于不同人群有着不同的意义，而这一点是人文地理学家不能忽视的。正如之前提到的，空间“对于所有的思维模式而言，是一个基本框架”[36]。

在研究人文地理学时，实证主义方法和人文主义方法之间似乎没有交集。实证主义方法倡导的是使用一种科学方法论，包含大量的定量研究，目的在于发现经验关联式。人文主义方法只是对实证主义观点的一系列批判，而不是一套完善的可供地理学家选用的方法论。因此，当涉及有关人文地理学课题的研究时，一个尖锐的问题是应该采用自然主义方法，还是应该把人文主义方法所强调的一些批判要素结合到自然主义方法中，以及如何去结合这些批判要素。另外，人文主义对于人类主体的关注，似乎没有考虑到个体及其行动所依赖的广义的结构语境和物质语境（material contexts）（马克思主义者对这一点做了重点分析）。如果可能的话，我们应该采用什么方式才能将主体和结构纳入人文地理学的反实证主义方法研究中呢？

很多地理学家会认为上面的这些问题都应该是哲学家关心的，它们不仅与经验研究框架的制定无关，而且与研究的具体程序也没有关系。虽然这些哲学

预设并未被当作一种特意选择的研究方法而得到公开的承认或者阐述，但是，这并不意味着这些哲学假定尚未进入地理学研究当中。哲学应该以一种正当的方式进入地理学研究领域之中，而当我们要避免各种困惑，甚至是为了避免各种模棱两可的、混合了实证主义和反实证主义的解决办法时，尤其应该如此。例如，巧合的是，实在论阵营就为我们提供了这样一种非*特设*混合的（non-*ad hoc* mixed）解决办法。

第四节　“空间与场所”：实在论重构

如果我们把实在论说成是一种“混合的”观点，可能会带来一定的误导。实在论既是一种反实证主义的哲学视角，又是一种反唯心主义的哲学视角。[37]可以肯定的是，实在论建议科学将这两种视角结合起来，体现的是一种科学观，其中混合了在确定社会科学研究对象过程中的意义依赖。但是，实在论者的这种“科学观”指的是一种自然主义，这种自然主义建立的基础是人们相信存在一种能够导致（并且不能被还原为）经验规律性发生的因果机制。实在论者所说的“意义依赖”指的是，在理解这些因果机制而不是理解它们全部的本体论地位时我们所需的一个认识论条件。

下面这些特点可以迅速地说明实在论视角下的科学和社会科学[38]： 111

（1）世界独立于我们的认识而存在。

（2）我们对于这个世界的认识是不可靠的，并且有着浓重的理论色彩。

（3）世界是差异化的、层次化的存在：世界的构成不仅有事件，还有对象，对象中的结构具有能够形成事件的力量（powers）和责任（liabilities）。

（4）社会现象是依赖于概念的。因此，我们不仅需要说明它们的产生和实质影响，还需要理解、阅读和解释它们的意义。

（5）科学知识是一种社会实践，所以知识生产的条件和社会关系会影响知识的内容。

人文地理学家在 20 世纪 80 年代和 90 年代对实在论表现出的关注包括两层含义。首先，实在论视角使得针对地理学研究对象本质提出定性问题（定量问题似乎只能达到经验关联式的程度）的这一做法具有了合理性。其次，实在论似乎是一种可行的办法，能使人文主义和唯物主义批判有机会被运用到经验科学的研究当中。[39]人文地理学家从实在论中找到一种方法，使他们能够从认识论的角度解答人文地理学研究对象的本体论问题，而这种认识论的观点比起实证主义观点在理论上更加完善，并同时在实践成果的取得上也更有前途。

空间及其在理解社会关系这一过程中所发挥的作用，实际上是实在论哲学家的研究领域之一。[40]例如，塞耶（A. Sayer）对空间的分析就是基于下面的这两种区分，每一种区分对于他的实在论视角都是至关重要的。[41]其中之一是对*必然联系和偶然联系*之间的区分。必然联系的一个例子是奴隶主和奴隶之间的联系，或者是房东与房客之间的联系。这种联系是必然的，“因为一个对象的含义依赖于它与另一个对象之间的关系”（如果没有奴隶或者房东，一个人是不可能成为奴隶主或者房客的）。[42]偶然联系的一个例子是父权与资本主义社会关系之间的联系：在本例中，两个对象的本质独立于联系本身（因为我们可以认为，资本主义社会关系能够从原则上被定义为与性别关系无关的一种关系）。[43]必然联系确定了研究对象的“结构”（即必然的，或有内在联系的实践，它们构成了必然联系中各个对象的本质），而偶然联系考虑的是各种结构关系在特定场合下或者特定条件下呈现出的不同形式。这种区分与塞耶对因果关系
112 的看法有着密切的联系。通过借鉴哈瑞和巴斯卡的理论，他认为，“对象由于自身的结构与构成要素而获得的力量和责任具有因果作用，因此，对象由于有力量而可以去做某些事情，并且由于有责任而需要去承担某些后果，但是这些力量和责任能否被激活取决于偶然的相关条件”[44]。

那么，怎样去分析这两种联系呢？一种研究方法能够把它们都包括进来吗？塞耶提出的第二个区分是指*抽象研究和具体研究*的区分。“抽象研究会涉及概念，用于指称各种对象特定的、单方面的特征。”[45]意味着，抽象概念在指称真实对象的过程中不必复制它们混乱而复杂的外表。通过抽象概念，我们能够选出对于确定对象本质最为重要的条件。按照塞耶的说法，这就是为什么抽象特别适合于发现对象的结构特性。[46]相反，具体研究处理的是与对象相关的非必然性的（偶然的）联系，即没有从“结构上”定义但又被认为是从结构关系中引申出的各种关系和条件。[47]在具体研究中，诸如复杂性、对语境的依

赖性和质的变化等因素是不能被忽视的，因此在设计研究方法和技巧时，我们应充分考虑到非必然性的（偶然的）联系。塞耶还利用了最初由哈瑞提出的一种进一步的区分，并认为具体研究不但要使用广义的（extensive）方法，而且还要使用狭义的（intensive）方法。[48]

塞耶的这种框架对我们理解空间概念及其对社会领域与社会进程的影响有什么帮助呢？尤其是对我们理解空间是否具有重要作用，以及空间将如何发挥这一作用，这种框架又有什么帮助呢？塞耶认为，地理学中关于空间的讨论，通常会用到下面两个空间概念中的一个："一个是绝对概念，空间是空无一物的；另一个是相对概念，空间只存在于由物质构成的地方。"[49] 前一个概念是不合逻辑的：正如布劳特（J. Blaut）所说的，"空无一物是无物，而无物不可能存在"[50]，那么一个不存在的事物如何能够有影响呢？空间的相对概念经常会让人们得出这样的推论：如果空间是由对象构成的，那么空间就可以还原为对象。这一点也是可以被反驳的。例如，如果我们改变几个对象的排列顺序，

B

从 **A B C** 到 **A C**

那么我们很容易就能发现，虽然空间的构成是相同的，但空间形式却是不同的。

空间独立于存在的对象（的类型），并不意味着空间的绝对概念就是正确的。区分空间和对象有可能使我们"为空间赋予力量（从几何、距离、区位和 113
运动的角度来说），而忽略了空间构成对象的因果力"[51]。对象要依赖语境和局部条件才能激活它们的力量，也就是说，对象要依赖与它们有联系的其他对象，"而这反过来又有赖于空间形式"[52]。因此，任何空间形式的属性，首先取决于存在对象的类型及它们之间的关系，其次还要取决于下面这个假定，即这些对象具有因果力，而这些因果力的影响又取决于空间的邻近程度等。例如，在上文的"**A B C**"序列中，

> 如果我们知道 **B** 是柏林墙，**A** 和 **C** 分别是联邦德国和民主德国，那么 **B** 所处的"居中"的空间关系就有了某种实际意义。当然，除了这种居中的关系以外，还有很多种其他空间形式或者空间关系，但不管是哪种形式，也不管这种形式多么复杂，结论总是一致的。[53]

塞耶得出的结论是，空间确实有很重要的意义，并且我们只有在分析空间实体本体论（realist ontology）中的作用时才能体会到这种意义的重要性。但是，重要的一点是，我们应该搞清楚空间是在哪个层次上发挥重要作用并因此被分析的。如果“抽象理论是按构成结构来分析对象的，并从因果力的角度把对象当作更宏大结构的组成部分”，而“具体研究探讨的则是这些对象结合后所带来的结果”[54]，那么我们才能在具体研究的层次上充分地理解空间。

> 空间当然是重要的，但是当说到这种重要性体现在哪些地方的时候，我们通常需要转到一个更为具体的分析当中，只有在这种分析中，我们才能在具体的空间结合处确定具体的对象、联系和进程。[55]

在偶然联系这个层次上，空间发挥着很重要的作用，并且产生了重要影响。这并不是说，各种抽象理论与空间分析没有关系，或者对于空间分析毫无用处。这些抽象理论需要提供“偶然条件的概念化构想及主要的兴趣迁移过程”。它们无法“预测空间环境的各种形式”。只有经验的、具体的研究才能“发现社会对象偶然采用的具体形式。在所有案例中，具体形式都会对结果产生一定的影响”[56]。除了承认社会对象的空间分布很广泛以外，在抽象理论这个层面上
114 对空间进行描述确实乏善可陈。例如，按照塞耶的说法，这一点就说明了为什么社会理论通常都不对空间展开任何深层次的分析，并且即使是在做这些分析时，社会理论也只是很含糊地提及一下。[57]

但是，塞耶也明确表示，具体研究适合分析空间概念（偶然联系的层次），这并不表示他承认，与在抽象理论层次上被定义和分析的概念相比，空间概念“并不能与之相提并论”。从实在论的角度来看，“偶然”并不意味着悬而未决或者无中生有，也不意味着关于空间的一切都是偶然的。对空间形式偶然性的经验研究，说明了空间在实践中可以采用大量不同的形式。正如我们在上文中所提到的，虽然理论抽象不仅为我们提供了一个概念框架，而且还将这个框架“融入”经验研究中并发挥了指导作用，但是，如此繁杂的各种形式是无法完全用抽象理论来解释的。[58]

对具体研究的关注，以及在对特定空间形式进行概念化的过程中，实证分

析所采用的方法，应该（而且确实）对现在的人文地理学家（及社会理论学家）有很大的吸引力。这是因为，无论是对于跨越理论和研究实践之间的鸿沟，还是对于表明实在论在实证主义之外为研究提供了一种替代方法，这都是一种有趣的尝试。不过，如何在实践中进行这样的尝试，或者——正如安迪·普拉特（Andy C. Pratt）所说的——空间的批判实在论分析如何才能“应用到研究实践中去”呢？[59]

在针对当代工业园区的区位和形式与发展不平衡问题的研究当中，普拉特从批判实在论的角度分析了工业、空间与社会的关系。他的总体目标是说明下面的这个问题，即由于工业原因而被人为建造的环境，如何引起并限制了其占用者及其他依赖于这些占用者的人——如公司雇员——的潜在行为。[60]为了使这个说明成立，我们需要把注意力集中在“这种被人为建造的环境是如何在特定地点和特定实践中被创建的”这一点上。如果我们对这种人造环境可能采取的特定形式，即工业园区，展开经验研究（广义的研究和狭义的研究），那么我们就有可能理解这个说明。[61]

“不均衡再生产”（uneven re-production）这个概念通常指的是经济生产及其组成部分（配送、交易和消费），但是更为重要的是，它还包含了社会经济领域和空间领域之间一个根本性的联系。普拉特认为，地理学家虽然知道“空间很重要”，但是空间在工业区位理论中的重要性究竟如何，又采用了哪些形式，却尚待进一步探索。不过，为了使空间成为一个分析条件，我们需要对它进行重新概念化，而工业区位就提供了一个具体的语境，我们可以从中对空间进行重新概念化。

与塞耶类似，普拉特认为空间并不是各种社会关系发生和发展的容器。按照这个绝对概念（absolute conception），空间的存在被认为是理所当然的，似 115
乎能够与社会关系分开。实际上，社会关系是在空间上延展的，但是——正如厄里（J. Urry）所强调的——二者相互依存，不可分割。[62]社会关系在空间中存在，空间则作为社会关系的一种结果而被创建。这种“共生”关系既存在于特殊性之中，又存在于偶然性之中，或者——用一个艺术术语来形容——存在于*本土*（locality）之中。本土定义的是各种“任意场所内相互作用的一整套社会关系之间特定而独特的组合”，而这些组合可能会以一种无法预测的方式干扰各种社会关系的相互作用。这就是“我们有必要对特定场所和时间内，空间的具体形成进行研究的原因”[63]。

在工业园区这个案例中，这种空间和社会关系的视角，使普拉特把“本土”看作是“无法从抽象角度定义的发展在空间上的一种特定形式”。

> 它们［工业园区］在一个特定的场所出现不仅有着十分重要的意义，而且必然与社会、经济和文化语境有联系。同理，在考虑当代工业园区的形式、区位和发展模式时，我们必须要借助于特定的经验分析。但是，这种分析必然需要抽象理论的支持。[64]

在案例研究的过程中，普拉特把抽象研究和具体研究结合起来的这种做法符合实在论规定的惯例：通过重新概念化研究对象（工业园区）提出因果机制和结构关系，而因果机制和结构关系反过来又要接受经验匹配度的评价。普拉特的研究策略是从分析对开发商的采访发展而来的，但是这种分析没有像实证主义研究那样把采访中出现的数据当作被调查者提供的事实，而是正如实证主义研究所规定的，他把数据当作采访者与被采访者之间进行有意义交流的互动来源。分析的目的并不是要形成一个统计样本。正如普拉特所说，挑战并不在于用某种方法去概括信息并使之能够符合某种表格形式，而是在于要“在收集来的大量信息中建立某种秩序”[65]。

第五节　人文地理学可能的世界

人文地理学——及其他社会科学——内部的很多讨论，涉及提倡一种多元化的出发点，或者用一种多元化的方式开展研究。但是，我们应该问的是，地理学多元化研究框架背后的假定是什么。我们可以把下面这段话当作一个例子：

> 116 如今地理学中核心的困惑，主要在于人们意识到存在着多种地理学和多个可能的世界。因为我们既不知道该选择哪种地理学，也不知道应该去探索何种可能的世界，所以我们茫然不知所措。我们冒着教条主义的风险，试图把所有的世界都强行纳入一个非常局限的模式当中，而在此过程中却忽视、贬低甚至忘记了还存在着其他的模式。[66]

这段话似乎隐藏了一个区别，在对多元化研究理想做出任何决定之前，我们必须要把它考虑清楚。在宣称有不同的“地理学”时，人们其实是在假定，可以用多个替代方法来探索地理学研究内容，而在所有的案例中，“地理学研究对象”都有着相同的构成成分。但是，在提到“我们应该去探索何种可能的世界”时，似乎又出现了一个新的观点。一个“可能的世界”表面上看起来像地理学研究对象（见上一段），但是在很大程度上，它是地理学研究方法的产物，因为这种方法使地理学家能够确定研究对象可能具有的构造，但同时也限定了这种构造的范围。

在谈到如何进行地理学研究和如何选择研究程序时，“可能的世界”是地理学研究方法的产物而不是地理学研究的对象，这个区别就显得非常关键了。那么，这个区别究竟有多么重要呢？在回答这个问题之前，我们首先要知道下面这个例子。人们在指称和解释英格兰东部沼泽地区时会用到很多方法。斯卡吉尔（D. I. Scargill）对这些方法的多样性进行了描述，我们可以从他的描述中推断出上述问题的答案。[67]

> 历史地理学家在考察该地区时，把主要的兴趣放在了对该地区过去景观的再现（recreating）上，他们所选的研究时期也对应着当地排水系统在发展过程中经历重大变化的时期。相反，空间-分析地理学家试图使沼泽地区的现象——庄稼、农场、排水等——符合他的分布统计模型，并同时观察所选现象从创新出现的地方向四周扩散的进程。对于自然地理学家而言，沼泽首先是一个受到人为控制的生态系统，他们的兴趣主要在于动植物对水温状况的反应。有的人文地理学家可能已经读过了多萝西·塞耶斯（Dorothy Sayers）的《九曲丧钟》（*The Nine Tailors*），由于书中对于该地区的人物及其生活的描述而喜欢上了这本小说。对于这些人文地理学家而言，该地区的文学和民间传说构成了他们的研究起点。但是，有的人文地理学家可能会由于注意到了艺术作品对这一地区的描绘而偏爱景观分析的方法。最后，马克思主义者可能会用资本主义土地所有权危机来解释沼泽地区的地理环境，并指出现在的农业生产模式是如何适应欧盟农产品定价机制的……以及富裕的农民是如何从一个并不是为他们所设计的制度

中受益的。[68]

117 与我们之前讨论的法国大革命一样，我们在这里可以问："英格兰东部有多少个沼泽地区？"答案是一个和很多个。我们可以反对这种说法，因为实际上"法国大革命"和"沼泽地区"之间有着实质性的差别。"法国大革命"是一种解释性的表达，指的是一系列过去的人类活动，而"沼泽地区"至少是一个带有描述性的表达，因为它描述了一种真实存在的空间区位。不过，当问及"'沼泽地区'这个表达指的是什么？"时，我们在地图上指出它的位置仅仅是一种可能的答案，但未必是那个"最富描述性"的答案。另外，甚至是地图也没有对地理学实在做出明确而"客观"的描述或表征。[69]我们显然不能从表面上理解地图。例如，人们是为了强调一个地区某些特点才去选择使用边界的。此外，

> 地图制作者在绘制地图时，需要解释数据并把它们转化到地图上。地图的比例尺和图标很可能是由另外的人决定的，这主要取决于制作地图的目的。[70]

制作地图既要用到繁杂的理论知识和实践知识，还要涉及有关调查、测量、符号使用和绘图的各种技术问题。另外，正如哈利（Harley）所指出的，制图学虽然被当作一门正式的科学，但它（应该被当作）是一门艺术，因为在绘制地图的过程中，制图者需要考虑历史、政治、民族、社会规则，有时甚至还要涉及美学规则。[71]最后，地图绘制不仅是一种视觉表征的描述性活动，还是对空间与场所进行认知和文化重构的一个系列过程。[72]

回到我们之前的问题："'沼泽地区'这个表达指的是什么？"我们有一整套的答案可供选择：在分布统计模型中被联系到一起的庄稼、农场和排水系统；一个受到人为控制的生态系统；过去和现在的景观；一系列的传说和故事；资本主义土地所有权的一种模型；等等。如果有人认为，从地理学的角度来说，庄稼-农场-排水系统的答案比传说或者景观更富有描述性，那么他就不仅要说明究竟什么才是地理学描述，还要说明为什么一些描述要比另一些描述具有更强的"描述性"，以及他这么说所依据的标准到底是什么。[73]

上一段落结尾部分的后半句话很有趣，因为我们可以把它转化为针对人

文/社会科学对象的一种一般性的看法。记得我们曾对人类学知识做出过下面的描述：人类学对象不能被简单地观察和分类。人们需要在田野调查中去观察和分类人类学对象，而且还要使用到一整套的研究程序和真实的互动。与此类 118
似，对于社会学和经济学知识而言：在研究过程中，在研究语境（采访、实验、模型）具备描述社会事实的某些条件之前，知识是无法被描述的。这对于历史学而言在某种程度上也是正确的。历史学研究中，描述过去事件的条件与历史学家筛选和了解文献证据的方式是无法分开的。

总的来说，这意味着社会研究的对象与日常生活中的"事物"有着本质的区别。当我们谈到研究的社会"对象"时，我们在某种程度上预设了社会世界中人们周围的现象与被我们转化为社会科学研究指称的对象之间是有区别的（认识论区别）。[74]更准确地说，对于这种区别的理解，实际上预设了一种康德式的批判分析视角。这种视角否认了对社会对象进行直接提问的可能性，因为在我们有能力描述社会对象并对它们进行分类之前，它们的结构就已经预先存在了。相反，这种视角规定，我们有必要对社会对象变成研究对象的过程中所涉及的研究程序和实践资源进行提问。

那么，客观性如何符合这里的情况？到目前为止，我们已经清楚地知道，尽管客观性源于某种科学逻辑，并且其应用也被人为地规定在了所有以客观为目的的学科研究范围内，但是客观性仍然不应该被当作一种抽象的理想。正如本书导论和其他章节中所提到的，这种理想是建立在一种认识论图景之上的，而按照这种认识论图景，在我们有能力描述对象之前，它们就已经存在了。客观只是从这种图景中派生出来的一个概念：理论的客观性是从客观世界的存在中"派生"出来的。当然，康德使我们去质疑这种图景。在《纯粹理性批判》一书中，他认为客观性是源于我们的心灵，因为我们对一般范畴的理解是由心灵强加的，心灵主动地制造了知识"对象"，并且至少从这个意义上为散漫杂多的主观印象或者经验事件赋予了客观性。[75]

如果我们采纳了康德的观点，并把它当作理解各门社会科学地位和功能的框架，那么我们就会发现有必要先对这些学科进行描述、分类或说明，并由此来评价社会科学对象是如何被确定的，然后才能评价这些描述、分类或说明的客观性。这就牵涉到要找出在生成这些描述、分类或说明过程中所用到的程序

（理论的和实践的）。[76]进而，我们才可以说，这些被如此描述、分类或说明的对象，至少在一定程度上是由这些程序“建构的”或者生成的。

119 我也许可以这么认为，如果说任何一门社会科学学科具有客观性，就意味着这门社会科学学科有责任建立自己的研究“对象”，那么就客观性而言，也就没有什么可以讨论或者可以反思的了。但是，这并不是我要得出的结论。本书试着提出五点内容供大家进一步讨论：

（1）在评价一个理论是否客观之前，我们需要知道这个理论的对象是什么。

（2）社会科学理论的客观性并非源于某种假定的“事物本来的方式”，而是源于我们把事物纳入研究中时所使用的实践方式。

（3）并非所有社会科学研究的客观性都是相同的：存在很多种不同建构对象的方式。不同的研究使用不同的研究程序来确定它们所要研究的“对象”。同样地，一项特定的研究有时可能会借鉴到其他研究中的程序。

（4）社会科学研究也可以使用自然科学的研究程序（如定量方法、律则分析或因果分析等）。但是，这并不是必需的，而且当我们在评价某项研究结果的客观性时，从原则上来说，我们对于自然科学研究方法的使用并不应该给予任何的优先，也不应该让它享有任何特殊地位。

（5）客观性不是（不能是）经验社会研究的一个规定性概念：客观性并不是实际研究开展之前就已经设定好的规范或正确标准。只有在对被描述的研究对象进行评价这样一个具体语境中，探讨客观性才是有意义的。

注　释

导论　客观性、科学和社会科学

1 本书中，除非另有说明，我将使用“规范”一词来定义通过规定性规则建立正确标准或范式的趋势。特别需要指出的是，我在分析中使用的规范性/描述性区别与诸如经济学中的规范性/实证主义区别无关，并且在规范伦理学中，规范并不等同于评价。

2 讨论伊始，我们应注意到“科学”一词在不同语言中有不同的意义，这一点会影响到我们对“社会科学是*科学*吗？”这个问题的分析和回答。“社会科学”既不能被转化为“精神科学”，也不能被转化为“人类科学”。参见 S. Morgenbesser，“Is it a science?”，出自 D. Emmet and A. MacIntyre（eds.），*Sociological Theory and Philosophical Analysis*，London：Macmillan，1966. 对于本章讨论中所采用“科学”一词的意义，参见导论第二部分。

3 参见 B. Flyvbjerg，*Making Social Science Matter. Why Social Inquiry Fails and How it Can Succeed Again*，Cambridge：Cambridge University Press，2001，p.3.回顾上述失败的部分原因可参见 F. Cunningham，*Objectivity in Social Science*，Toronto：University of Toronto Press，1973，ch.1。

4 例如，正如 E. Nagel，*The Structure of Science：Problems in the Logic of Scientific Explanation*，London：Routledge and Kegan Paul，1961，p.485。

5 本例见于“Science and human values”一文，出自 C. Hempel，*Aspects of Scientific Explanation*，New York：The Free Press，1965，p.91。

6 关于种族和智力的争论是一个非常有启发意义的例子。为了理解其中的部分争议性问题，可参见 R. Jacoby and N. Glauberman，*The Bell Curve Debate*，New York：Times Books，1995；M. J. A. Howe，*I. Q. in Question*，London：Sage，1997。

7 K. Mannheim，*Ideology and Utopia*，London：Routledge，1936 （2nd edn，Routledge，

1991）.

8 M. Hesse，“The strong thesis of sociology of science”，出自 M. Hesse，*Revolutions and Reconstructions in the Philosophy of Science*，Brighton：Harvester Press，1976，pp.29～60。

9 参见 W. B. Gallie，“Essentially contested concepts”，*Proceedings of the Aristotelian Society*，LVI （1956），New Series。

10 Hesse，“The strong thesis of sociology of science”，p.31.

122 11 拉卡托斯对科学的社会学分析及对更加一般的社会学研究的厌恶是出了名的。例如，可见于“但是知识社会学常常成功地掩饰了无知……大多数知识社会学家不理解——或者甚至在意——观念”。I. 拉卡托斯的《科学研究纲领方法论》出自 I. Lakatos，“Falsification and the methodology of scientific research programmes”，出自 I. Lakatos and A. Musgrave （eds.），*Criticism and the Growth of Knowledge*，Cambridge：Cambridge University Press，1970，p.174，footnote 1；“人们想知道，社会科学中统计技术的主要功能并不是为制造虚假证实提供工具，并因此制造知识进步的假象，实际上，在所谓的知识进步中，除了不断增长的伪知识垃圾，别无其他”。同上，p.176，footnote 1。

12 如需了解有关支持和反对社会建构论观点的讨论和分析，可参见 A. Kukla，*Social Constructivism and the Philosophy of Science*，London/New York：Routledge，2000，especially chs 5～7。

13 关于“science wars”，参见 A. Ross （eds.）*Science Wars*，Durham NC/London：Duke University Press，1996；N. Koertge，*A House Built on Sand*，Oxford：Oxford University Press，1998；K. M. Ashman and P. S. Baringer （eds.），*After the Science Wars*，London：Routledge，2001，另见 I. Hacking，*The Social Construction of What*？，Cambridge MA：Harvard University Press，1999，ch.1。

14 这种批判的先驱是非常知名的。作为提醒，可参见 P. Feyerabend，*Against Method*，London：New Left Books，1975；R. Rorty，*Philosophy and the Mirror of Nature*，Oxford：Blackwell，1980. 二人都发展了库恩的观点，T. Kuhn，*The Structure of Scientific Revolutions*，Chicago：Chicago University Press，1962；T.Kuhn，*The Essential Tension*，Chicago：Chicago University Press，1977。

15 这里指的是所谓的“知识社会学强纲领”的创始人，可参见 D. Bloor，*Knowledge and Social Imagery*，London：Routledge and Kegan Paul，1976。

16 正如之前所指出的，这个循环有很多不同的版本，可参见 J. Bohman，*New Philosophy of Social Science*，Cambridge：Polity Press，1991，pp.104～107，113。

17 这个观点适用于自然科学的一个例子是 S. Woolgar，*Science：The Very Idea*，Chichester：Ellis Horwood and Tavistock，1988，chs 2 and 6. 这个观点适用于社会科学的一个例

子可见于后现代主义民族志著作，J. Clifford and G. Marcus（eds.），*Writing Culture: The Poetics and Politics of Ethnography*，Berkeley：University of California Press，1986。对上述二者的讨论，可参见 Bohman，*New Philosophy of Social Science*，pp.126～132。

18 Woolgar，*Science*，p.30；引自 Bohman，*New Philosophy of Social Science*，p.131。

19 如前文所述，研究者在社会科学领域内难以取得类似成功的这一事实，让人们对社会科学产生了怀疑，而没有对这些方法是否适用于自然科学领域之外的研究产生过质疑。

20 实证主义形成于 19 世纪上半叶的法国，直到 19 世纪下半叶才传播到包括英格兰在内的欧洲各国。实证主义在英国找到了合适的土壤，得到 J. S. 穆勒等有经验主义倾向的思想家和 H. 斯宾塞等达尔文主义者的支持。关于这一点，可参见词条"positivism" in J. Gould and W. L. Kolb （eds.），*A Dictionary of the Social Sciences*， 123
London：Tavistock，1964；W. Outhwaite and T. Bottomore，*The Blackwell Dictionary of Twentieth-Century Social Thought*，Oxford/Cambridge，MA：Blackwell，1992；A. Bullock and S. Trombley，*The Fontana Dictionary of Modern Thought*，London：Fontana Press，1988. 另见 T. Lawson，*Economics and Reality*，London/New York：Routledge，1997a，pp.292～293。

21 对于孔德的人类发展三个阶段的规律，可参见 A. Comte，*The Positive Philosophy*，Engl. abridged edn. London：Paul Chapman，1853，vol 1，pp.1～3. 关于孔德的观点，还可见 Chapter 2，sect.1。

22 穆勒对孔德观点的支持在二人之间的通信中有详细的记载。参见 O. A. Haac，*The Correspondence of John Stuart Mill and Auguste Comte*，New Brunswick：Transaction Publications，1995.书中还详细记录了英格兰而不是法国（孔德的祖国）如何能够更好地接受孔德的观点，并对此展开了更加深入的探讨。如需了解孔德的科学和社会学哲学，可参见 K. Thompson，K. *Auguste Comte.The Foundation of Sociology*，London：Nelson，1976。

23 正是通过成功地概括总结之前研究（已经从科学上证明的成功的研究）中所使用的方法并使它们适用于后者（人类科学），我们才有可能除去科学表面的污迹（blot）。"污迹"指的是人类科学从未成功建立任何重要的真理这一事实。参见 J. S. Mill，"On the logic of the moral sciences"，in *A System of Logic*，ed. J. M. Robson and R. F. McRae，Toronto：Toronto University Press，1974，Bk VI，Ch.I，p.834。

24 卢克斯正确地指出 *The Rules of Sociological Method* 如何成为迪尔凯姆学术思想转折的标志。这一著作证明了迪尔凯姆对"集体表征"作为独立说明变量的（概念、价值观、信念）作用的担忧，这一点在他的后期研究中变得更加明显。参见 S. Lukes，*Émile Durkheim，His Life and Work*，London：Penguin Books，1992，p.227. 为了便于此处讨论，我只参考了迪尔凯姆 *The Rules of Sociological Method* 这本书的实证主义部分。

25 参见 E. Durkheim，*Suicide：A Study in Sociology*，英译本 J. A. Spaulding and G. Simpson，London：Routledge，1952. 对于这一点的详细讨论，可参见第二章第四节。

26 M. Weber，*The Methodology of the Social Sciences*，Engl. trans.，New York：The Free Press，1949，p.76.

27 当然，经验性学科的问题要用“非评价的方式”来解决。它们并不是评价的问题。但是，社会科学问题是依照它们与所处理现象的价值关联性而被选择的，“价值关联”这一表达仅仅是指特定科学“兴趣”的哲学解释，这一“兴趣”决定了如何选择一个特定的对象和经验分析的问题。同上，pp.21～22。

28 G. Myrdal，*Value in Social Theory*，London：Routledge and Kegan Paul，1958，pp.132，155.

29 G. Myrdal，*Objectivity in Social Research*，London：Duckworth，1970，p. 71. 另见 G. Myrdal，“How scientific are the social sciences?”，The Gordon Allport Memorial lecture，Harvard University，1971，Folio，LSE Library.

30 例如，用韦伯自己的语言来说，社会对象是“理想类型”的，因为它们是通过对一
124 个或多个观点的片面强调，以及对很多零散而不连续的、若隐若现的特定个别现象的综合作用而形成的。这些现象按照那些片面的观点被排列为一个统一的分析性建构。Weber，*Methodology of the Social Sciences*，p.90.

31 关于价值关联及其与“价值判断”的区别，同上，pp.21～24。

32 G. Myrdal，*Objectivity in Social Research*，London：Duckworth，p.52.

33 “将主观要素引入分析中，事实上增加了研究的客观性，并且减少了研究中的‘客观主义’，而正是这种‘客观主义’向公众隐瞒了这种证据。”S. Harding，*Feminism and Methodology*，Bloomington，IN：Indiana University Press，1987，p.9. “主观方面”在这里并不是泛指的人（或者是知识主体的哲学建构：一个“心灵”），而是一个具有社会历史、生平和——女性主义者补充的——性别的具体的个人。

34 正如福克斯-凯勒提醒我们的，按照这些思路设想出的客观性只能把我们带入“客观主义”当中（即一种有害的客观性意识形态）。相反，我们需要的是一种动态的客观性观点，即“为了彰显更加有效的客观性而去追求那些利用主观经验的知识”。E. Fox-Keller，*Reflections on Gender and Science*，New Haven：Yale University Press，1985，pp.116～117。

35 H. Longino，*Science as Social Knowledge：Values and Objectivity in Scientific Inquiry*，Princeton：Princeton University Press，1990，p.13.

36 同上，p.102。

37 同上，p.216。

38 参见 Bohman，*New Philosophy of Social Science*，pp.121～123.博曼所说的极限概念的另一个意思是指另一场更广泛的争论的一部分（对于弱整体论的“超验”争论），这场争论的目的在于，否定了从认识论的角度看“解释学循环”是有害的这一看法。对于这次争论的细节，可参见博曼，同上，pp.115～126。

39 见本书第一章。

40 见格尔茨的论述，C. Geertz，*Local Knowledge*，New York：Basic Books，1983，p.5. 更多关于这一观点的内容可见 Chapter 1。

41 我们在“弱”语境论者中发现，除了 Bohman 以外，还有 Searle，Davidson，Habermas，Geertz 和 MacIntyre。这份清单见于 Bohman，*New Philosophy of Social Science*，p.251，footnote 31。

42 同上，p.253，footnote 41。

43 同上，p.131。

44 关于这种区分的讨论，参见 Hacking，*The Social Construction of What*？pp.103～108。

45 关于这种区分的讨论，同上，p.105。

46 例如，加速器中的夸克或者反应堆中的钚。同上，p.105。

47 同上，pp.103～104。

48 同上，p.108。

49 同上，p.104。

50 同上，p.105。

51 R. Bhaskar，*The Possibility of Naturalism*，Brighton：The Harvester Press，1979（2nd edn. with new Introduction，London：Harvester Wheatsheaf，1989）. 巴斯卡关于实在论科学的观点的详细论述见于 R. Bhaskar，*A Realist Theory of Science*，New York：Alma Book Company，1975. 对于批判实在论观点及其与其他哲学观点之间的联系，可参见 W. Outhwaite，*New Philosophies of Social Science：Realism，Hermeneutics and* 125
Critical Theory，Basingstoke：Macmillan，1987。

52 Bhaskar，*The Possibility of Naturalism*，p.65.

53 当然，巴斯卡假定，他对自然科学和社会科学的比较，以及他在此基础上推导出的二者之间的区别既是合理的，又是相关的，他的观点在这个假定基础上是成立的。事实上，这一点已经被否认。例如，可参见 T. Benton，“Realism and social science”. 关于 Roy Bhaskar 的“The Possibility of Naturalism”的评论，可参见 *Radical Philosophy*，p.27。

54 最初的争论是方法论上的争执，被称作“方法论之争”。历史学家 Gustav Droysen 在他的 *Grundriss der Historik*（Leipzig，Veit，1875）中对那些认为社会科学与自然科学相类似的实证主义支持者们进行了反驳，并引发了这场争论。他认为历史研究的对象从本体论的角度来说是区别于科学研究对象的，并且也不能被还原为后者。历史经验（及人类的总体经验）有其固有的意义，因而它不仅是特别的、非概括性的，而且是独一无二的。按照这种思路，新康德主义者文德尔班由此发展出的观点后来被作为一种方法论，广泛用于区分研究普遍规律的科学（nomotheic science）（类似于物理学和数学那样的科学）与研究意义表达的科学（ideographic sciences）（历史的和社会的科学）。正如他在“*Geschichte und Naturwissenschaft*”（1894 年）中说明的那样，前者目的在于发现自然规律性并通过这些规律性说明自然事实中的各种规律。而后者目的在通过解释人类行为和社会行动来理解它们。争论双方一方面反对逻辑实证主义；另一方面又反对解释学方法，因而关于这两种“科学”之间的区别，以及它们的基本“逻辑”之间区别的争论一直持续到 20 世纪。关于这些争论的有用而明确的评价，可参见 G. H. von Wright，Explanation and Understanding，London：Routledge and Kegan Paul，1971；W.Outhwaite，“The philosophy of social science”，in B. S. Turner （ed.），*The Blackwell Companion to Social Theory*，2nd edn，Oxford：Blackwell，2000.

55 参见 P. Winch，*The Idea of Social Science and its Relation to Philosophy*，2nd edn，London：Routledge，1990，p.68。

56 Mill，*On the Logic of the Moral Sciences*，Bk VI，ch.III，pp.844～845.

57 如需阅读对温奇作品的完整评论，可参见 C. Lyas，*Peter Winch*，Teddington：Acumen，1999.关于温奇的“incompatibility thesis”，可参见 Bohman，New Philosophy of Social Science，pp.60～61.P.Lassman。最近编辑了一个特别版的 *The History of the Human Sciences*，该书收纳的文章涉及温奇著作的各个方面及其对社会科学实践的影响。参见 *Hist. Hum. Sci.*，13：1（2000)（另有两篇文章刊登在 *Hist. Hum. Sci.*13：2（2000））。我们将在第二章中回到对温奇的探讨。

58 N. Goodman，*Ways of Worldmaking*，Indianapolis：Hackett，1978，p.10.

59 J. Searle，The Construction of Social Reality，London：Penguin，1995，p.28.

60 塞尔被广泛引用的一个例子是货币：在金融交易的语境中，一张绿色的纸代表一元美钞。

61 塞尔自己对社会建构论做了如下描述：“‘我们’创造了世界，实在本身是一种社会建构，可随着我们的意志变化，并受制于‘我们’认为合适的未来的变化。”Searle，
126 *The Construction of Social Reality*，p.158～159。已有学者指出人们对于社会建构论是什么的看法非常局限。事实上，各类型的建构主义者不会不同意塞尔的立场。关于塞尔立场的讨论，可参见 I. Hacking，“Searle，Reality and the Social”，*Hist. Hum. Sci.*，10：4 （1997），p.91.关于社会建构论如何可能与塞尔的立场达成一致，可参见 B.

Barnes，D. Bloor and J. Henry，*Scientific Knowledge：A Sociological Analysis*，London：Athlone Press，1996，p.88.另见 B.Barnes，“Searle on social reality：process is prior to product”，出自 G. Grewendorf and G. Meggle （eds），*Speech Acts，Mind and Social Reality*，Dordrecht：Kluwer，2001。

62 关于社会对象还原主义分析的某些不足之处，可参见 J. Dupré，*Human Nature and the Limits of Science*，Oxford：Oxford University Press，2001。

63 Hacking，*The Social Construction of What*？p.129.

64 “构造女性难民这一想法的模型是非常复杂的，包含了各种机构、各种主张、新闻报道、律师、法庭判决、移民诉讼等，以及物质基础设施、法律壁垒、护照、制服、机场柜台、拘留所、法院、为难民儿童设置的度假营。”同上，p.10。

65 虽然它们中间常常会有很多“模糊的边界”或者很多不同的“连续统一体（continua）”。同上，p.107。

66 “一个人进行一定程度的研究可以掌握一个类型是如何起作用的。对一个类别的研究可能说明很多其他类型的作用方式。但是，不管这个例子选的多么好，它只能引导我们去理解某一类类型。这个例子始终都不应该被当作所有类型的模型。我们的座右铭是‘杂七杂八’。”同上，p.131. 哈金这里所说的类型设定的状况指的是虐待儿童事件。同上，pp.133～162。

67 关于这个观点的历史，可参见，例如，L. Daston，“Objectivity and the escape from perspective”，*Social Studies of Science*，22（1992）；L. Daston and P. Galison，“The image of objectivity”，*Representations*，40 （1992）.关于“客观性”的不同意义，参见 A. Megill （ed.），*Rethinking Objectivity*，Durham/London：Duke University Press，1994，Introduction。

68 Daston and Galison，“The image of objectivity”，p.82.

69 在古希腊语中，没有词汇代表心灵这一“主体”之外的“对象”概念，也没有哪个词汇会被心灵本身表征为这样的概念［如一个“理念”（idea)]。苏格拉底之前的哲学家从未提出过作为知识指称的“客体”这个问题，而即使是在柏拉图——正如我们在全部的认识论指南中读到的那样，柏拉图第一次提出了有关知识的问题：“知识能否使真实信念合法？”——的著作中，我们也无法发现任何代表“对象”这个通用词汇的术语。我们能找到的只是一些有着固有指称的术语，它们可以把任何一个“对象”指称为感觉的对象（aiothepa）或者思想的对象（noeta）。

70 在后康德主义传统中，这些形式几乎在各个学科的研究领域内都逐渐从知性的先验规则转变为知识的语境形式。这一转变影响巨大，因为它沿着反唯心主义的方向发展了康德对知识“内在”标准的观点。当代一个很明显的例子是，福柯把研究对象的突现和“构造”视为是“话语构成（discursive formations）”的条件，参见 M. Foucault，

The Archeology of Knowledge，Engl. trans. New York：Pantheon，1982. 关于如何定义研究对象的讨论，可参见 Longino，*Science as Social Knowledge*，pp.98～102. 关于康德和新康德主义关于形式及其与知识对象关系的分析，可参见 S. Borutti，*Filosofia delle scienz eumane. Le categorie dell' Antropologia e della Sociologia*，Milan：B. Mondadori，1999，pp.88～89，95～99。

第一章 人类学对象

1 E. Tylor，*Primitive Cultures*，5th edn，London：John Murray，1929，vol.I.p.1.

2 例如，除了 Tylor 本人（1832—1917）之外，还有 Lewis Morgan （1818—1881）和 James Frazer （1854—1941）。关于人类学思想史的有趣而简明的介绍，可参见 P. A. Erickson，*A History of Anthropological Theory*，Peterborough：Broadview Press，1998。

3 鉴于 19 世纪和 20 世纪初的人类学家的工作在很大程度上都是在模仿科学方法论，这样的比较是不合适的。

4 L. Holy，*Comparative Anthropology*，Oxford：Blackwell，1987，pp.3～4.

5 正如霍利所做的总结，新范式中的人类学家正从“一个把人类学事实视为事物的理论”转变为“一个把它们视为建构的理论”。同上，p.5。

6 这个方法源于对文化这一概念和人类学实践的多种观点。“解释性”这个标签通过一系列的哲学观点把莱斯帕森斯和韦伯的各种社会学概念堆砌到一起。这些哲学观点的来源非常繁杂，包括现象学、结构主义、解释学、符号学和转换生成语言学，以及法兰克福批判理论学派。这些内容可参见 G. E. Marcus and M. M. J. Fisher，*Anthropology as Cultural Critique*，Chicago：Chicago University Press，1986，pp.25～26。

7 C. Geertz，*The Interpretation of Cultures*，New York：Basic Books，1973，p.5.

8 参见 G. Ryle，“Thinking and Reflecting”，“The Thinking of Thoughts”，in *Collected Papers*，London：Hutchinson，1971。

9 Geertz，*The Interpretation of Cultures*，p.10.

10 同上，p.20。

11 同上，p.15。

12 C. Geertz，*Local Knowledge*，New York：Basic Books，1983，p.10.

13 Geertz，*The Interpretation of Cultures*，p.15.

14 同上，p.5。

15 这个案例研究见于格尔茨 *The Interpretation of Cultures* 第十五章。

16 同上，p.418。

17 同上，p.432。

18 同上，p.433。

19 同上，p.437。

20 同上，p.20。

21 同上，p.452。

22 K. Dwyer，*Moroccan Dialogues .Anthropology in Question*，Baltimore：The Johns Hopkins University Press，1982，p.263.

23 B.Malinowski，*Argonauts of the Western Pacific：an Account of Native Enterprise and* 128
Adventure in the Archipelagoes of Melanesian New Guinea，London：Routledge and Kegan Paul，1922，p.14.

24 D. Sperber，*On Anthropological Knowledge*：*Three Essays*，Engl. trans.，Cambridge：Cambridge University Press，1985，p.10.

25 波卡基是法国北部诺曼底地区的一个村庄。这个村庄的人们讲一种本土化的法语方言。

26 J. Favret-Sadat，*Deadly Words：Witchcraft in the Bocage*，Engl. trans.，Cambridge：Cambridge University Press，1980，p.31.

27 同上，p.11。

28 同上，pp.11～12。

29 同上，pp.9～10。

30 C. Geertz，*Works and Lives：The Anthropologist as Author*，Cambridge：Polity Press，1988，p.144.

31 参见 J. Clifford，*The Predicament of Culture：Twentieth-century Ethnography，Literature and Art*，Cambridge，MA/London：Harvard University Press，1988，Part 1，especially Ch.2。

32 Sperber，*On Anthropological Knowledge*，p.5.

33 Sperber，*On Anthropological Knowledge*，p.6.

34 同上。

35 D. Sperber，*Explaining Culture*：*a Naturalistic Approach*，Oxford：Blackwell，1996，p.43.

36 同上，p.18。

37 关于人类学中对结构主义和功能主义说明的批判性讨论，可参见 Sperber，*Explaining Culture*，pp.43～49。

38 Sperber，*On Anthropological Knowledge*，p.12.

39 同上，p.14.

40 E.E.Evans-Pritchard，*Nuer Religion*，Oxford：Oxford University Press，1956，quoted

in Sperber，*On Anthropological Knowledge*，p.14 ［my underlining］.

41 Sperber，*On Anthropological Knowledge*，p.15.

42 埃文斯·普理查德用了几个章节的内容来讨论努尔人对这个术语的使用。

43 Evans-Pritchard，*Nuer Religion*，p.221；in Sperber，*On Anthropological Knowledge*，p.15.

44 Sperber，*On Anthropological Knowledge*，p.16.

45 同上，p.34。

46 Sperber，*Explaining Culture*，p.20.

47 同上，p.49～50。

48 Sperber，*On Anthropological Knowledge*，p.34.

49 斯珀伯似乎赞成说明和解释长久以来的对立，并且支持与此相关的一个观点，即前者是科学的，因为它是用因果关系推理而来的。但是，他也似乎接受韦伯的观点，即对文化现象的充分理解应该既是说明性的，又是解释性的。他承认我们对人类学研究对象的了解在一定程度上是解释性的，但同时又认为这并不妨碍我们对它进行非解释性的描述。如果我们能够用适当的方式确定研究对象，那么我们就能科学地（即通过实证和因果关系）研究这些对象。

129 50 Sperber，*Explaining Culture*，p.36. 关于"拟娩"问题，可参见 P. Menget，"Time of birth，time of being：the couvade"，in M. Izard and P. Smith （eds.），*Between Belief and Transgression：Structuralist Essays in Religion，History and Myth*，Chicago：University of Chicago Press，1982，pp.193～209；P. Riviere，"The Couvade：a problem reborn"，Man，n.s.9:3 （1974）。这两篇文章都引自 Sperber，*Explaining Culture*，同上. p.36。

51 Sperber，*Explaining Culture*，pp.51～52.

52 同上，p.53。

53 研究者在认知人类学这个不断发展的领域内做出了很多有趣的工作。例如，可参见 M. E. F. Bloch，*How we Think they Think*，Oxford：Westview Press，1998；R. Astuti，"Are we all Natural Dualists? A Cognitive Developmental Approach"，The Malinowski Memorial Lecture，London School of Economics，London：Mimeo，2000. 关于过去 30 年中认知人类学领域内的发展记录，可参见 R. D' Andrade，*The Development of Cognitive Anthropology*，Cambridge：Cambridge University Press，1995。

54 参见 J. Fabian，*Time and the Work of Anthropology：Critical Essays 1971—1991*，Amsterdam：Harwood Academic Publishers，1992，p.208。

55 关于费边对客观性的看法，同上，pp.9～21。尽管"对象化"这个词汇常被（某些女性主义者）用作贬义来引起人们对某类群体被当作东西来看待这一事实的关注，但是费边对于"对象化"一词的理解没有贬义。

第二章　社会学对象

1 参见 E. Durkheim，“Debate on the relationship between ethnology and sociology”，in S.Lukes （ed.），*Durkheim，The Rules of Sociological Method and Selected Texts on Sociology and its Method，London*：*Macmillan*，1982a，pp.209～210。

2 孔德把这命名为“人类发展的规律”或“人类进步的规律”。参见 A. Comte，*The Positive Philosophy*，Engl. abridged edn，London：Paul Chapman，vol 1，p.2。

3 在 19 世纪，人们普遍认为一门关于社会的科学是可能的，而且是非常有必要的。当时最著名的学者（孔德、穆勒，以及斯宾塞和迪尔凯姆）都梦想着为建立一门“社会工程学”（social engineering）——一门将能够控制社会冲突和预测社会问题的科学——去创造条件。

4 H. Hahn，O. Neurath and R.Carnap （1929），“The scientific conception of the world：The Vienna Circle”，in O. Neurath and R. S. Cohen （eds.），*Empiricism and Sociology* Dordrecht：D. Reidel，1973，p.306.

5 O. Neurath，“Empirical Sociology”，in Neurath and Cohen，*Empiricism and Sociology*，p.390.

6 同上，p.415。

7 关于此中细节，可参见本书导论部分，注释 53。

8 P. Winch，*The Idea of a Social Science and its Relation to Philosophy*，2nd edn，London：Routledge，1990，ch.2. On Winch's interpretation of Weber's concept of meaningful action see ibid，pp.116～120.

9 韦伯认为，对待一个行动背后“客观”理由的唯一办法就是把它当作原因。这意味 130
着，除了对一个行动进行内在的或者主观的描述之外，研究者必须使用经验的方法来检验这个行动的初始解释性假设，并把这个假设转变为一个客观的外在动机。正如之前所总结的，韦伯认为“社会学说明从观察者将一个动机归结到主体时开始，到这个动机及其成因通过实证检验时结束”。W. G. Runciman，*A Critique of Max Weber's Philosophy of Social Science*，London：Cambridge University Press，1972，p.43. 我们在这里也许应该注意到温奇特别强调韦伯方法中经验论的部分，而忽略了康德哲学的部分。

10 遵守规则实质上是一种公众行为，主要取决于语言（意义）的公共属性。正是在这个观点的基础上，维特根斯坦提出了著名的私人语言论证，旨在证明个体发明的语言（在逻辑上）不可能存在，并且也只有他自己能识别。例如，可参见维特根斯坦对 pain 一词的讨论，出自 L.Wittgenstein，*Philosophical Investigations*，ed.G E M. Anscombe，3rd edn，Oxford：Blackwell，1967，§§243～363。

11 因此，例如通过诉诸广泛认同的规则，我们能够证实不同的行动有着相同的意义。

另外，通过同样的诉求，我们还能证实人们是否正确地采取了行动（即根据这些规则采取行动）。见 Winch，*The Idea of Social Science*，pp.31～33，58。

12 我在这一节和下一节中使用的材料是首次出现在 S. Borutti，*Filosofia delle scienze umane*（《人类科学哲学》）的第三部分《社会学》，出自 *Le categorie dell' Antropologia e della Sociologia*，Milan：B.Mondadori，1999。

13 正如克雷布提醒我们的，有很多人因为是民族志方法论者或者像民族志方法论者而从学术工作中被开除。见 I. Craib，*Modern Social Theory，2nd edn*，New York/London：Harvester Wheatsheaf，1992。

14 同样的情况也适用于社会行动者的这个观点。民族志方法论者支持舒尔茨对社会行动者在社会学模型中所发挥作用的评价："这些［传统社会学中的］行动者模型并不是生活在日常社会世界中传记情境（biographical situation）的人类。严格地说，他们没有任何生平或者历史，定义他们所处情境的人并不是他们自己，而是他们的创造者，即社会科学家。他创造了这些木偶或者人体模型，并为了自己的目的去操纵他们，等等。"参见 A. Schutz，Collected Papers I：*The Problem of Social Reality*，6th edn，Dordrecht/Boston/London：Kluwer，1990，p.41。

15 关于本例，参见 Craib，*Modern Social Theory*，pp.102～103。

16 吉登斯正确的提醒我们注意，皮尔斯第一次使用了"指代符号"这个表达，并以此来引起人们对同一词汇在不同语境中可能会有不同意义这一事实的关注。日常话语中使用的大多数表达都是指代性的，民族志方法论者把这一点理解为"社会成员正是通过这些表达才得以组织社会活动，并把它当成一种实践成就"。参见 A. Giddens，*New Rules of Sociological Method：A Positive Critique of Interpretativist Sociologies*，London：Hutchinson，1976，pp.36～37。

131 17 正如在很多会话分析中采用的那样。关于这种说明模型的描述和讨论，见 J. Bohman，*New Philosophy of Social Science*，Cambridge：Polity Press，1991，pp.79～80。

18 H. Garfinkel and H. Sacks，"On Formal Structures of Practical Actions"，in J.C.McKinney，and E. A. Tiryakian（eds.），*Theoretical Sociology*，New York：Appleton-Century-Crofts，1970，pp.345～346.

19 H. Garfinkel，*Studies in Ethnomethodology*，Englewood Cliffs，NJ：Prentice Hall，1967，p.78.

20 对加芬克尔的参考见于 G. Button（ed.），*Ethnomethodology and the Human Sciences*，Cambridge：Cambridge University Press，1991，p.7.关于民族志方法论作为社会学研究方法的异质性，参见同上，pp.139～140。

21 关于民族志方法论"文件"与人类学"文本"的比较，参见 E. Montuschi，"Metaphor in social science"，*Theoria*，25 （1996）。

22 对于人类学家而言，当地人的村子就是他们的“田野”：也就是说，这些村子不仅是普通意义上的村子，而且是在人类学审视之下的村子。与此类似，一间教室也不是研究的一个社会学对象。不管教室本身可能有什么意义，只有当从“社会学术语”角度来观察它时，教室才成为这样的一个对象。

23 正如我们将在最后一节当中看到的，在分析自杀和自杀率等类似社会现象是如何被确定和分类时，这一点变得特别重要。

24 可参见，例如，W.Sharrock，and G.Button，“The social actor：social action in real time”，in Button，*Ethnomethodology*，p.146。

25 可参见 C. Robson，*Real World Research*，Oxford：Blackwell，1993。

26 例如，D. P. Forcese and S. Richer （eds.），*Stages of Social Research*，Englewood Cliffs：Prentice Hall，1970。

27 参见 J. Roth，“Hired hand research”，*American Sociologist*，I （1965）；R. Harré，*Social Being*，Oxford：Blackwell，1979，pp.113～116。

28 Harré，*Social Being*，p.106.

29 同上。

30 同上，p.107。

31 关于此次实验的描述和评论，参见Harré，Social Being，ch.6；and A.Rosenberg，*Philosophy of Social Science*，Oxford：Clarendon Press，1988，ch.7。

32 S. Milgram，*Obedience to Authority*：*An Experimental View*，London：Tavistock，1974.

33 参见 Harré，*Social Being*，p.105。

34 M. Root，*Philosophy of Social Science*，Oxford：Blackwell，1993，p.132.

35 关于社会科学分析方法的讨论，可参见下列文献：D. Silverman，*Interpreting Qualitative Data*，London：Sage，1993；U. Flick，*An Introduction to Qualitative Research*，London：Sage，1998；C.Raging，*The Comparative Method*：*Moving Beyond Qualitative and Quantitative Strategies*，Berkeley：University of California Press，1987；T. R. Black，*Doing Quantitative Research in the Social Sciences*：*An Integrated Approach to Research Design*，*Measurement and Statistics*，London：Sage，1998；M. S. Lewis-Beck，*Experimental Design and Methods*（International Handbooks of Quantitative Applications in the Social Sciences，vol.3），London：Sage，1993。

36 在第二版的 *Social Being* 中，哈瑞对这些模型作为社会研究方法论工具的作用和用途进行了更加广泛和详尽的分析，参见 R.Harré，*Social Being*，2nd edn，Oxford： 132
Blackwell，1993，chs 5 and 6。

37 Harré，Social Being，2nd edn，pp.148～161.For Goffman’s own analysis，see E.Goffman，*The Presentation of Self in Everyday Life*，London：Penguin，1969；and E. Goffman，

Frame Analysis，Cambridge MA：Harvard University Press，1974.

38 关于案例分析方法，可参见 R. K. Yin，*Case Study Research.Design and Method*，2nd edn，Beverly Hills：Sage，1994. 也可参见 B. Flyvbjerg，*Making Social Science Matter. Why Social Inquiry Fails and How it Can Succeed Again*，Cambridge：Cambridge University Press，2001，ch.6。

39 N. Gilbert（ed.），*Researching Social Life*，London：Sage，1993，p.329.

40 C. Bazerman，*Shaping Written Knowledge*，*Madison*：University of Wisconsin Press，1988，p.5.

41 这就是日常对话中发生的情况，并且这也是为什么有时这两种活动要被平行研究的原因。关于这点，可参见 L. Van Langenhove and R. Harré，"Positioning in scientific discourse"，in R. Harré（ed.），*Science and Rhetoric*，*Anglo-Ukrainian Studies in the Analysis of Scientific Discourse*，Lampeter：The Edwin Mellen Press，1993。

42 Robson，*Real World Research*，pp.418～419.

43 随着 1929 年 2 月 *Instructions in Regard to Preparation of Manuscript* 的出版，该文出现于 *Psychological Bulletin*，这使得写作实验科学的"正式格式"被第一次确定下来。参见 Bazerman，Shaping Written Knowledge，pp.259～261。

44 同上，p.260。

45 同上，p.265。

46 H. Sacks，"Sociological description"，*Berkeley Journal of Sociology*，8 （1963），p.8.

47 E. Durkheim，Suicide：*A Study in Sociology*，Engl. trans. J. A. S. Spaulding and G. Simpson，London：Routledge，1952，p.44.

48 在 18 世纪，自杀被视为一个道德问题。到了 19 世纪，自杀成为专门的社会问题，并且被当作一个需要社会学说明的问题。在多个欧洲国家，一系列的统计研究、自杀率和几项专门的研究被用于探讨可能引起各种类型自杀的社会决定因素。当时，针对前辈及同时期的研究者提出的诸多观点、说明性假设，以及他们所做的比较研究，迪尔凯姆通过自己的研究尝试着为它们提供了一个系统框架和理论概括。参见 J. D. Douglas，*The Social Meanings of Suicide*，Princeton：Princeton University Press，1967，pp.3～12；S. Lukes，*Emile Durkheim*，*His Life and Work*，London：Penguin，1992，pp.191～192。

49 "正如自杀率的持久性和变化性所体现的那样，自杀率是一种真实的秩序，统一而明确。因为如果自杀率不是一组特征共同作用的结果，那么持久性就无法得到说明（这些特点各不相同，但又相互关联，且在不同环境中有协同效应）；而变化性则证明了这些特征各自具体的特性，因为这些特征会随着社会本身的特性而变化。简言之，这些统计数据所要表达的是让全体社会成员都感到痛苦的自杀倾向。"参见

Durkheim，*Suicide*，p.51。

50 S. Turner，*The Search for a Methodology of Social Science*，Dordrecht/Boston MA：D.Reidel，1986，pp.152～156. 133

51 E. Durkheim，*The Rules of Sociological Method*，in Lukes，Durkheim，Rules of Sociological Method，p.76.

52 “自杀与个体所属社会共同体的整合程度呈相反趋势变化。” Durkheim，Suicide，p.209. 如何才能发现引起自杀的特定社会原因，自杀率说明模型是什么样的，关于这两个问题的分析和描述，可参见 Lukes，*Emile Durkheim*，pp.213～217。

53 除了 Douglas 的 *Social Meanings of Suicide* 以外，还可参见 J. Atkinson，*Discovering Suicide：Studies in the Social Organization of Sudden Death*，London：Macmillan，1978；A. Cicourel，*Method and Measurement in Sociology*，New York：The Free Press，1964；B. Hindess，*The Use of Official Statistics in Sociology*，London：Macmillan，1973。

54 Harré，*Social Being*，p.114，1st edn.

55 道格拉斯甚至认为“在对自杀做出分类之前，我们不能正确地说出自杀是怎样的存在”。参见 Douglas，*Social Meanings of Suicide*，p.196，footnote 40。

56 “对受害者生平的重构本身就是一个社会协商的过程，而不是对过去的客观记录进行建构的过程。” Harré，*Social Being*，p.114，1st edn。

57 Durkheim，*The Rules of Sociological Method*，S. Luke（ed.），（1982），p.76.

58 正如阿尔弗雷德•舒尔茨所做的著名论断，传统社会学中的社会行动者不过是“傀儡”罢了，他们只是一群没有生平、没有社会身份和历史身份的虚构人物。参见 A. Schutz，Collected Papers Ⅰ：*The Problem of Social Reality，6th edn.* Dordrecht/Boston/London：Kluwer，1990，p.41。

59 Lukes，*Emile Durkheim*，p.221. 迪尔凯姆自己承认，他发现要把社会事实的定义与个人分开是非常困难的。他写道：“通常很难说清楚个人的部分在哪里结束，而社会的部分又在哪里开始。” 他还认识到，不管多大的社会压力都不会使得没有“自杀倾向”的个人选择自杀。参见 Durkheim （1952），p.313，foot note 11。

60 关于对官方统计数据过度不信任的反对意见，可参见 M. Blumer，“Why dont sociologists make more use of official statistics?”，in M. Blumer（ed.），*Sociological Research Methods，2nd edn*，London：Macmillan。

61 参见哈金的观点，本书导论部分第三节。

第三章　历史学对象

1 关于分析哲学中这两个发展的历史重建，可参见 G. H. Von Wright，*Explanation and*

Understanding，London：Routledge and Kegan Paul，1971，Part 1。

2 关于本模型的描述，参见 C. Hempel，*Aspects of Scientific Explanation*，New York：The Free Press，1965a，pp. 335～347。

3 包含初始条件的陈述必须使规律适用于符合规律的特定事件，因而这种陈述必然要服
134 从于一般规律。虽然如此，但是文中提到的两类陈述都是待说明项的充要条件。

4 C. Hempel，“Explanation in science and history”，in R. G. Colodny (ed.)，*Frontiers of Science and Philosophy*，Pittsburgh：University of Pittsburgh Press，1962，p.13. 两种说法都是很有争议的，但是我们在此没有必要对这个问题进行批判。

5 Hempel，*Aspects*，p.412.

6 同上，pp.415～425。

7 同上，p.447。

8 亨普尔的两步走观点是建立在导论中描述过的一个规范性假设基础之上的：一旦一个正确的范式模型被确定下来，那么任何说明如果是正确的话，那么它就必须符合这个模型。

9 Hempel，“Explanations in science and history”，p.18. 亨普尔建议应把规律指称为“普遍假设”，以便于对令人满意的经验确证问题做出专门的陈述。参见 Hempel，*Aspects*，p.231。

10 Hempel，*Aspects*，p.236.

11 参见 Scriven，“Truisms and the grounds for historical explanation”，in P. L. Gardiner (ed.)，*Theories of History*，New York：The Free Press，1959，pp.454～455。

12 同上。

13 W. Dray，*Laws and Explanation in History*，Oxford：Clarendon Press，p.124.

14 同上，p.132。

15 Hempel，Aspects，p.471.关于图式 R，同上。

16 同上，p.453。

17 同上，p.241。

18 同上，p.455。

19 W. Dray，“Explaining ‘what’ in history”，in P. L. Gardiner (ed.)，*Theories of History*，pp.404～405。

20 同上，p.406。

21 Hempel，*Aspects*，p.447.

22 亨普尔引用自 H. Bohemer，*Luther and the Reformation in the Light of Modern Research*，Engl. trans.，New York：The Dial Press，1930. 参见 Hempel，*Aspects*，p.447，footnote 1。

23 Hempel，*Aspects*，pp.448～449.

24 同上，p.451。

25 同上，p.449。

26 同上，p.423。

27 一个说明只有对它所要说明的具体事件做出具体的描述后，才可以被认为是完整的（亨普尔认为他与韦伯都赞同这个观点），当亨普尔承认这一点时，他与文中的观点比较接近。参见 Hempel，*Aspects*，p.422。

28 A. C. Danto，*Analytic Philosophy of History*，Cambridge：Cambridge University Press，1965，p.218.

29 同上，p.221.

30 关于这一点，参见 P. A. Roth，"Narrative Explanations：the case of history"，in M. Martin and L.C.McIntyre (eds.)，*Readings in the Philosophy of Social Science*，Cambridge MA/London：The MIT Press，1994，p.706。

31 Danto，*Analytic Philosophy*，p.151. 135

32 F. Furet，*Interpreting the French Revolution*，Engl. trans.，Cambridge：Cambridge University Press，1981.

33 Roth，"*Narrative Explanations*"，p.708.

34 Furet，*Interpreting the French Revolution*，p.22.

35 A. Callinicos，*Theories as Narratives*：*Reflections on the Philosophy of History*，Cambridge：Polity Press，1995，p.76.

36 参见 F. Furet，"Quantitative methods in history"，in J. Le Goff and P. Nora (eds.)，*Constructing the Past*：*Essays in Historical Methodology*，Engl. trans.，Cambridge：Cambridge University Press，1985，pp.15～18。

37 Callinicos，*Theories as Narratives*，p.76.

38 由卡利尼克斯引自吕西安•费弗尔于 1933 年在法兰西学院的就职演说。参见 Callinicos，*Theories as Narratives*，p.75 and footnote 94。

39 Furet，"Quantitative methods in history"，p.18.

40 同上，p.20。

41 F. Furet and J. Ozouf，*Reading and Writing*：*Literacy in France from Calvin to Jules Ferry*，Engl. trans.，Cambridge：Cambridge University Press，1982.

42 此发现的证据出处同上，其中使用了一系列相互关联的图片和表格。关于这种证明方式和这种做研究的方式，也可见 P. Burke，*The French Historical Revolution*：*The annales School* 1929-1968 ，Cambridge：Polity Press，1990，p.77。

43 Furet and Ozouf，*Reading and Writing*，pp.302～303.

44 同上，p.303。

45 同上，p.4。

46 关于定量历史的批判，参见 Burke，*The French Historical Revolution*，pp.79ff。

47 Le Goff，*Constructing the Past*，p.166.

48 勒高夫通过对中世纪想象力的研究对心态史学做出了重要贡献，这是他在其中用到的一些与“心态”一词同义的表述。见 J. Le Goff，*The Birth of Purgatory*，Engl. trans.，London：Scolar Press，1984。

49 这类型历史研究的先驱包括 M. Bloch 和 L. Febvre。参见 M. Bloch，*Feudal Society*，Engl. trans.，London：Routledge and Kegan Paul，1961，especially Part I，Bk II；and L. Febvre，*The Problem of Unbelief in the Sixteenth Century*，*The Religion of Rabelais*，Engl. trans.，Cambridge MA：Harvard University Press，1985. In a similar style，though in the English tradition，see，for example，W. J. Brandt，*The Shape of Medieval History*：*Studies in Modes of Perception*，New Haven：Yale University Press，1966；W. E. Houghton，*The Victorian Frame of Mind*，New Haven：Yale University Press，1957。

50 正如彼得•伯克所指出的，那些在经验主义和方法论个人主义的传统中成长起来的英国历史学家难以接受这种历史的地方正在于此。对于他们来说，集体心态，或者说集体心理，似乎是一种虚构的存在，过于模糊以至于让他们无法放心地把集体心态当作一个说明工具（真的存在思考的个体！）。关于这一点，可见 P. Burke，“Reflections on the historical revolution in France：The Annales School and British Social History”，in S. Clark (ed.)，*The Annales School .Critical Assessments*，vol. II，London：Routledge，1999。

136 51 M. Vovelle，*Piété baroque et déchristianisation en Provence au XVIIIe siecle*，Paris：Plon，1973.

52 Burke，*The French Historical Revolution*，p.291.

53 同上。

54 同上。

55 J. Barzun and H. F. Graff，*The Modern Researcher*，5th edn，Fort Worth：Harcourt Brace Jovanovich College Publishers，1992，p.134.

56 同上，p.137。

57 G. Kavanagh，“Making histories，making memories”，in G.Kavanagh (ed.)，*Making Histories in Museums*，London：Leicester University Press，1996. 物理对象能被当作浓缩的“文本”这个观点是有一定道理的，而事实上历史学家也确实是这样看待它们的。硬币就是一个再合适不过的例子。加雷斯 • 威廉姆斯（任伦敦大英博物馆馆长）告诉我，与手稿或者其他形式的书面证据相比，硬币有一个潜在的优势：它揭示的信息可以回溯到制造它的那个时代，而手稿却可能是在它所描述的事件发生多年以后才被写成的。然而，这并未使历史学家“阅读”硬币的工作变得更容易一些，因为这并没有改变硬币可以成为很多种可解释的物理对象这一事实。

58 对于卡瓦纳而言，这是最标准的历史对象，而且在大多数博物馆藏品中都可以找到。参见 Kavanagh，“Making histories，making memories”，p.6。

59 同上，p.7。

60 参见 S. Schaffer，“Object lessons”，in S.Lindqvist (ed.)，*Museums of Modern Science*，New York：Science History Publications，2000，pp.61～62。

61 参见 K. Arnold，“Time heals：making history in medical museums”，in Kavanagh (ed.)，*Making Histories in Museums*，1996。

62 参见 Arnold，“Time heals”，p.17.关于这一点，还可参见 P. Findlen，*Possessing Nature：Museums，Collecting and Scientific Culture in Early Modern Italy*，Berkeley：University of California Press，1994。

63 Arnold，“Time heals”．人们在这些博物馆中进行解剖实验、测试化石成因理论或者探索天然磁石的魔力。博物馆变成了实际上的“实验的剧场”，“使得早期的博物馆馆长能够把他们的藏品按照特定的用途进行分类”。同上，pp.17～18。

64 以伦敦科学博物馆中的“健康至上”美术馆为例，人们把重点放在了英国现代医学发展过程中的社会、政治和技术等因素上。同上，p.22。

65 可见伦敦威康医学科学中心中的“生命的科学”展览。作为此次展览的一部分，阿诺德带领我们去关注一台机器，它可以让观众发现一种神秘疾病的原因。这是为了让人们认可医学研究中运气的作用，同时也让人们体会研究失败之后的挫败感。同上，p.23。

66 这一点是由加雷斯·威廉姆斯为我指出的。

67 关于这一功能的历史，可参见 A. S. Wittlin，*The Museum：Its History and its Tasks in Education*，London：Routledge and Kegan Paul，1949. 对于博物馆教育作用的分析（视觉传达与学习）参见 E. Hooper-Greenhill，*Museums and the Interpretation of Visual Culture*，London：Routledge，2000。 137

68 L. Jordanova，“Objects of knowledge：A historical perspective on museums”，in P. Vergo (ed.)，*The New Museology*，London：Reaktion Books，1989，p.33.

69 同上，pp.32～33。

70 绝大多数人类学和科学博物馆在展览什么和如何展览方面都遇到了实际的困难，乔丹诺娃（L.Jordanova）把这些困难当作“不一定能从博物馆中学到什么”的深层次证据。同上，pp.39～40. 关于博物馆与观众类型之间的教育关系及这种关系的社会功能，也可参见 T. Bennett，“Speaking to the eyes. Museums，legibility and the social order”，in S. Macdonald (ed.)，*The Politics of Display*，London/New York：Routledge，

1998。

71 Schaffer，“Object lessons”，pp.61～62.

第四章　经济学对象

1 D. McCloskey，*The Rhetoric of Economics*，Brighton：Harvester Press，1986，p.3. 麦克洛斯基对经济学语篇的修辞观的进一步论述可参见 D. McCloskey，*If You're so Smart. The Narrative of Economic Expertise*，Chicago/London：The University of Chicago Press，1990；D. McCloskey，*Knowledge and Persuasion in Economics*，Cambridge：Cambridge University Press，1994。

2 McCloskey，*The Rhetoric of Economics*，p.3.

3 麦克洛斯基有一个非常激进的观点，即转向数学式的谈话方式及随之而来对这种谈话方式的信念催生了一代经济学家（至少在麦克洛斯基首次出版她的著作时情况是这样的）。总的来说，这些人觉得历史很枯燥，无视他们自己的文明，蔑视其他社会科学家，对伦理置若罔闻，而且在研究方法上表现得非常轻率。

4 M. Friedman，“The methodology of positive economics”，in his *Essays in Positive Economics*，Chicago/London：Chicago University Press，1953.

5 弗里德曼论文中破除传统观念的观点可以被看作是对实证主义经济学背后现代主义观点的纠正和改进，而不应被当作激进批判的工具。麦克洛斯基认为，在这一点上，他似乎扮演了一个“传统”角色——有点儿类似于波普尔。见 McCloskey，*The Rhetoric of Economics*，pp.9～10。

6 Friedman，“The methodology of positive economics”，p.4.

7 例如，弗里德曼在一个脚注中写道：“观察者和被观察过程之间的相互作用所体现的原则，与计量过程和被计量现象之间相互作用所蕴藏的不确定性原则之间存在着微妙的对应关系。二者都提出了综合的、独立的逻辑是不可能的，因而与戈德尔定理（Godel's orem）中的纯粹逻辑都有着对应关系。”McCloskey，*The Rhetoric of Economics*，p.5。

8 麦克洛斯基在她的《经济学的修辞学》的第八章讨论了统计学在经济学中的作用和重要意义。

9 M. Blaug，*The Methodology of Economics or How Economists Explain*，Cambridge：Cambridge University Press，1980，p.xii；还引用 McCloskey，*The Rhetoric of Economics*，p.21。

138 10 McCloskey，*The Rhetoric of Economics*，p.36.

11 麦克洛斯基讨论了“修辞”一词的意义，同上，pp.29～30。关于修辞的正面形象和负面形象，可参见 E. Montuschi，“Persuading science：the art of scientific rhetoric”，The British Journal for the Philosophy of Science，45 (1994)；E. Montuschi，“Rhetorical aspects of scientific arguments”，in R. Harré (ed.)，*Reason and Rhetoric*，Lewiston：The Mellen Press，1993。

12 McCloskey，*The Rhetoric of Economics*，p.36.

13《经济学的修辞学》可以被划分为两个部分。其中一个部分解释了经济学语篇的“修辞分析”指的是什么，另一个部分说明了这种分析在具体的经济学语篇中是如何起作用的。出于“修辞”原因，麦克洛斯基决定在第二版中颠倒章节顺序［她在第二版（1988 年）的序言中对此作出了说明］，因而应用的部分会先出现，然后才是哲学意味更浓的（也是更加无趣的，至少对于传统经济学家来说是这样的）部分。本章中所有来自《经济学的修辞学》的引文均出自原书第一版。

14 同上，p.58。

15 同上，p.59。

16 关于完整清单，同上，pp.59～60。

17 一个可能的反对意见是，这些“理由”中的每一条都能用经济行为来解释，并且可以用数学语言来处理。但是，麦克洛斯基想在这儿指出的并不是它们可以被翻译为普通的经济学语言，而是它们所具备的说服优势和功能。

18 布劳格不同意麦克洛斯基的解释。在他的《经济学方法论（第二版）》的序言中，他写道：“毫无疑问，有很多理由可以让我们认为需求曲线是不断下滑的，但是如果统计证据不断地沿着相反的方向发展，那么几乎毫无疑问所有这些理由都无法让经济学家相信‘需求定律’。”见 Blaug，*The Methodology of Economics*，Cambridge：Cambridge University Press，1992，p.xx. 从麦克洛斯基的角度来看，这可能对语言经济学家发现的最“有说服力”语言现象产生了一些影响。

19 参见 A. H. Genberg，“Aspects of the monetary approach to the balance-of-payments theory：an empirical study”，and D. McCloskey and J. R. Zecher，“How the gold standard worked，1880-1913”，both in J. A. Frenkel and H. G. Johnson (eds.)，*The Monetary Approach to the Balance of Payments*，London：Allen and Unwin，1976。

20 McCloskey，*The Rhetoric of Economics*，p.145.

21 J. L. Austin，*How to Do Things with Words*，2nd edn，Cambridge MA：Harvard University Press，1975，p.52，in McCloskey，*The Rhetoric of Economics*，p.151.

22 McCloskey，*The Rhetoric of Economics*，p.153.关于如何用数字来描述有关人类行为的经济学观点，以及数学阐述所带来的修辞风险的例子，可见 Dupré’s discussion of Becker’s *Treatise on the Family*，in J.Dupré，*Human Nature and the Limits of Science*，Oxford：Oxford University Press，2001，pp.133～135。

23 McCloskey，*The Rhetoric of Economics*，p.47.

24 一个明显排他的例子是劳森引用哈恩的一段话：“方法论就像原罪一样无法抹去，当
139 巴克豪斯说我自己有罪时，他是正确的。如果我没有方法论，也许会好些。我特别想建议年轻人的是，避免在这个问题上花费很多的时间和思考。至于他们要学哲学，管他呢？”参见 F. Hahn，“Answer to Backhouse：Yes”，*Royal Economics Society Newsletter*，78 (1992)，引用 T. Lawson，*Economics and Reality*，London/New York：Routledge，1997a，p.12。

25 Lawson，*Economics and Reality*，p.45.

26 同上，p.63。

27 实在论者认为，这个观点是建立在一个错误观念基础之上的。这个错误的观念是，关于存在的陈述可以被还原为我们对存在所掌握（或从存在那里习得的）知识的陈述。同上 p.33，有对谬误的描述。关于此谬误最初是如何形成的，可参见 R.Bhaskar，*A Realist Theory of Science*，York：Alma Book Company，1975，p.36。

28 Lawson，*Economics and Reality*，p.40.

29 同上，p.63。关于劳森对经济学的批判实在论观点的精简版，可参见 T. Lawson，“Economics as a distinct social science：on the nature，scope and method of economics”，*Economie Appliquée*，L：2 (1997b). 劳森的观点可以让人轻易地想起巴斯卡的批判实在论。

30 B. Stafford，“The Class Struggle，the Multiplier and the Alternative Economic Strategy”，in M.Sawyer and K.Schott (eds.)，Socialist Economic Review，London：Merlin Press，1983. 关于这个案例研究的讨论，可见 Lawson，*Economics and Reality*，pp.255～258。

31 塞巴斯蒂亚诺·巴维塔（Sebastiano Bavetta）告诉我，在关于自由度测量的文献中出现了类似的情况。尽管各种计量模型都在测量“相同的东西”，但是每个模型事实上通过关注不同的问题而建立了各自独有的自由度的定义；塞巴斯蒂亚诺·巴维塔就曾对此作出过说明，参见“Measuring Freedom：a review of the axiomatic and the statistical approaches”，London：Mimeo，2001。

32 Lawson，Economics and Reality，p.256. 一个类似的说明比斯塔福德的说明还要新，参见 M.W. Kirby，“Institutional rigidities and economic decline：reflections on the British experience”，Economic History Review，XLV：4（1992），quoted in Lawson，Economics and Reality，p.330，n14.

33 Lawson，Economics and Reality，p.268. 他在这里提到了 P. Kennedy 的观点，“British Economic Decline：Bourgeois Methodology versus Marxism”，Glasgow：Mimeo，1993。

34 Lawson，*Economics and Reality*，p.263.

35 当然，这本身只是一种估计，取决于“语境和能够取得的相关证据”——进一步的

假设永远可能不被提出来：只不过我们届时需要考察它们的经验匹配度。同上，p.270。

36 关于这一说明的性质和本体更加详细的描述，可见 T. Lawson and A. Kilpatrick，“On the nature of industrial decline in the UK”，*Cambridge Journal of Economics*，4 (1980)，转引自 D. Coates and J. Hillard (eds.)，*The Economic Decline of Modern Britain*，London：Harvester Press，1986。

37 Lawson，*Economics and Reality*，p.257.

38 同上，p.257。 140

39 同上，p.259。

40 同上，p.270。

41 同上，pp.259～267.

42 同上，p.244.

43 “理想类型”社会对象是通过对一个或多个观点的片面强调，以及对很多零散而不连续的、若隐若现的特定个别现象的综合作用而形成的。这些现象按照片面的观点被排列为一个统一的分析性建构。……我们凭经验在现实中任何地方都找不到它。Weber，*The Methodology of the Social Sciences*，Engl. trans.，New York：The Free Press，1949，p.90.

44 可以说这个观点在麦克洛斯基的案例中是站得住脚的。研究经济学语篇的修辞建构似乎只是去拒斥下面这一观点：对经济学探讨内容的评价独立于语篇参与者的目的和兴趣。至于实在论的问题，麦克洛斯基只是把它排除在外，或者把它悬置了——尽管按照巴雷特（W. Barrett）的话来说，她特别说明这种“排除”不同于针对对象是否真正存在的认识论质疑。参见 McCloskey，*Knowledge and Persuasion*，p.205. 引文出自 W. Barrett，*The Illusion of Technique*：*A Search for Meaning in a Technological Civilization*，Garden City，NY：Anchor，1979，p.129。

45 McCloskey，Knowledge and Persuasion，p.211.

46 同上，p.212。

47 Lawson，*Economics and Reality*，p.240.

48 同上，p.228。

49 同上，p.232。

50 但是，把模型当作封闭系统的观点也可用于批判实证主义规律性的观点。事实上，这个观点能够说明规律性为什么不是最根本的，它们只能是“一台社会经济机器持续成功运转的结果”（意思是指一个模型）。换句话说，假如一个模型的其他条件相同，规律性并不是提前出现的，而是后来才产生的。实证主义观点认为规律性是根本性的，可以自行运转。与此观点相反，规律性在这里只是由一个机器模型的各个零件在稳定且运转良好的状况下衍生出来的。参见 N. Cartwright，*The Dappled World*，Cambridge：Cambridge University Press，1999，ch.6。

51 Lawson，*Economics and Reality*，p.165.

52 R. Rosser and P. Kind，“A scale of valuations of states of illness：is there a social consensus?”，International Journal of Epidemiology，7：4 (1978)；P. Kind，R. Rosser and A. Williams，“Valuation of quality of life：some psychometric evidence”，in M. W. Jones-Lee (ed.)，The Value of Life and Safety，Leiden：North Holland Publishing，1982. 下面的表 4.1 和表 4.2 均选自 A. Edgar，“Measuring the quality of life”，in P. Badham and P. Ballard (eds.)，Facing Death：An Interdisciplinary Approach，Cardiff：University of Wales Press，1996. 关于罗瑟和金德的模型的讨论，参见 E. Montuschi，“Measuring life and choosing death：moral，empirical and social aspects of euthanasia”，London：Mimeo，2000。

141 53 关于生活质量评价（QALY 模型）提出的一些问题的讨论，除了 Edgar，“Measuring the quality of life”，还可参见 J. Broome，“Qalys”，出处是他的 *Ethics out of Economics*，Cambridge：Cambridge University Press，1999。

54 考虑到，例如“高级大脑功能的不可逆损伤”在法庭辩论中常常被当作判定一个人是否事实上死亡的标准。关于这一辩论，可参见 J. Lizza，“Persons and death：what's metaphysically wrong with our current statutory definition of death?”，*Journal of Medicine and Philosophy*，18：4 (1993)。

第五章 地理学对象

1 P. Haggett，*The Geographer's Art*，*Oxford*：*Blackwell*，1990，p.8.

2 R. Hartshorne，*Perspectives on the Nature of Geography*，Chicago：Rand McNally，1959，p.21.必须说明的一点是，哈特向的定义远远不能代表地理学应该关注的问题，这一点我们很快就会认识到。他的观点反映的是，20 世纪 50 年代采用定量方法并试图发现普遍空间规律的地理学家所持有的看法。在此之前，地理学家曾关注过地球表面很多地方的独特之处与如何确定特定区域这些问题，在一定程度上，哈特向对地理学的定义是对地理学家之前所关注问题的一种反馈。关于这一点，可参见 P. Cloke，C. Philo and D. Sadler，*Approaching Human Geography*，London：Paul Chapman，1991，pp.6～7。

3 首次使用这个词汇的人是埃拉托色尼（Erathostenes），虽然在他之前人们早已开始了对地理问题的研究，如荷马。已知最早的地图是苏美尔人（公元前 2700 年）所使用的，它甚至要早于荷马生活的时代。

4 P. Haggett，“Geography”，in R. J. Johnston，D. Gregory and D. M. Smith (eds.)，*The Dictionary of Human Geography*，Oxford：Blackwell，1994，p.221. 另参见 R. J. Johnston，Philosophy and Human Geography，London：Arnold，1986，ch.1. 关于人文地理学的研究内容及其在各学科中定位，参见 A. Holt-Jensen，Geography. History and Concepts，London：Sage，1999，ch.1；ch.2，especially pp.30～34。

5 Haggett，“Geography and Human Geography”，p.221.

6 约翰斯顿（R. J. Johnston）承认不仅实证主义地理学家在使用定量方法，而且“人文地理学中很多使用定量方法的研究比起使用其他方法的研究更接近于实证主义”。参见 Johnston，*Philosophy and Human Geography*，p.52。

7 关于这种方法的评论，可参见 Johnston，*Philosophy and Human Geography*，pp.33-54；Holt-Jensen，*Geography* ch.4. 例如，哈维（Harvey）写道：“地理学的全部实践和哲学都依赖于用于处理空间中对象和事件分布的概念框架的发展。”参见 D. Harvey，*Explanation in Geography*，London：Arnold，1969，p.191. 非常有趣的一点是，哈维的著作被认为是实证主义人文地理学的范式，即便哈维本人对实证主义哲学或者方法论只字未提。这就是为什么实证主义在空间科学传统中常常会被称为地理学家的“隐藏的哲学”。关于这一点，可参见 M. R. Hill，“Positivism：a ‘hidden’ philosophy in geography”，in M. E. Harvey and B. P. Holly (eds.)，*Themes in Geographic Thought*，London：Croom Helm，1981. See on this also Cloke et al.，*Approaching Human Geography*， 142
pp.12～13。

8 关于空间与场所的“权威定义”，可参见 Holt-Jensen，*Geography*，p.141，引自“National Curriculum Geography Working Group，1989”：“对*场所*的研究不但要试图去*描述*和*理解*地球的物理和人文特征的坐落位置，而且还要去*描述*和*理解*产生和影响这些特征的过程、系统和相互联系；对*空间*的研究试图探索场所与人们在其居住和生活的自然环境中形成的活动模式之间的联系。”

9 Johnston，*Philosophy and Human Geography*，p.34.

10 同上。

11 G. Hard，*Die Geographie，Eine Wissenschafttheoretische Einfurung* Berlin：De Greuyter，1973，p.184；quoted in Holt-Jensen，*Geography*，p.85.

12 例如，哈格特用于表征空间分布的模型。这一模型的基础是五个几何要素（即运动、通道、节点、层次和表面）。参见 P. Haggett，*Locational Analysis in Human Geography*，London：Arnold，1965；P. Haggett，A. D. Cliff and A. Frey，*Locational Analysis in Human Geography*，London：Arnold，1997. 关于空间人文地理学中建模的描述，可参见 Holt-Jensen，*Geography*，pp.83～85。

13 关于这个定义，可参见 P. E. James，“Towards a fuller understanding of the regional

concept”，*Annals of the Association of American Geographers*，42 (1952)，p.199；引自 Cloke et al.，*Approaching Human Geography*，p.11.旧的地区概念关注的是某一特定区域内最根本的整体性，这种整体性是人类与自然长期相互作用（有时候被定义为纵向联系）的结果。例如，可参见 P. Vidal de la Blanche，*Principles of Human Geography*，Engl. trans.，London：Constable，1926。

14 W. Christaller，*Central Places in Southern Germany*，Engl. trans.，Englewood Cliffs：Prentice Hall，1966. 亦参见 B. J. L. Berry，and J. B. Parr，*Geography of Market Centres and Retail Distribution*，2nd edn，Englewood Cliffs：Prentice Hall，1988. 克里斯泰勒的理论之后被用于规划欧洲北部和东部新定居点的设立。参见 Holt-Jensen，*Geography*，pp.79～81。

15 选择六角形分布是因为“如果不重复地完全占据一个特定区域，六角形是效率最高的几何图形”。参见 R. J. Johnston，D. Gregory and D. M. Smith (eds.)，*The Dictionary of Human Geography*，p.57。

16 值得注意的一点是，当地理学在 20 世纪 60 年代和 70 年代初把实证主义和系统分析整合在一起时，占主导地位的研究范式是经济学。在 20 世纪 70 年代，这个范式转变为历史唯物主义，后又在 80 年代转向结构化理论。

17 Johnston，*Philosophy and Human Geography*，p.36.

18 例如，可参见 P. Dicken，*Location in Space*，London：Harper & Row，1978；D. M. Smith，*Industrial Location：An Economic Geographical Analysis*，New York：John Wiley，1981.

19 关于城市地理及其与区位理论、空间科学和实证主义方法论的联系，可参见 R. J. Johnston，*Geographers and Geography：Anglo-American Human Geography since 1945*，
143 5th edn，London：Arnold，1997. 另参见 H. Carter，*The Study of Urban Geography*，London：Arnold，1988；以及该领域的先驱 T. G. Taylor，*Urban Geography*，New York：E. P. Dutton，1946。

20 参见 D. W. G. Timms，The Urban Mosaic，Cambridge：Cambridge University Press，1971.关于这一点，还可参见 R. J. Johnston，*City and Society*：*An Outline for Urban Geography*，London：Hutchinson，1984。

21 关于下面的描述，参见 R. J. Johnston，“Writing geographically”，in J. Eyles (ed.)，*Research in Human Geography*，Oxford：Blackwell，1988，p.176。

22 非常有趣的是，即便是《地理学说明》（Explanation in Geography）——一本被认为是受实证主义启发而发展起来的人文地理学的典型著作——的作者哈维也改变了他对实证主义定量分析说明作用的看法。随着地理学家对实证主义的日益不满，哈维对此进行了反思，仅仅在几年之后，他就接受了一种截然不同的分析方法。参见 D. Harvey，*Social Justice and the City*，London：Arnold，1973。

23 参见 Holt-Jensen，*Geography*，pp.93～94；Johnston，*Geographers and Geography*，p.150。

24 值得注意的一点是，有人曾尝试在实证主义框架内处理个体特定的行为特征。这就是所谓的“行为地理学”，曾繁荣于 20 世纪 80 年代。例如，可参见 H. Couclelis and R. Golledge，“Analytic research，positivism and behavioural geography”，*Annals of the Association of American Geographers*，73 (1983)。

25 例如，可参见 S. W. Wooldridge，“The Anglo-Saxon settlement”，in H. D. Darby (ed.)，*An Historical Geography in England before* 1500，Cambridge：Cambridge University Press，1936，其中，作者从当地农民的视角来看待乡村；或者法国区域地理与景观学派，例如，Vidal de la Blanche，*Principles of Human Geography*.有趣的是，比达尔·德·拉·布兰奇（Vidal de la Blanche）的区域地理学受到了从事历史研究的年鉴学派的极大推崇。关于“人文地理学的史前史”，可参见 Cloke et al.，*Approaching Human Geography*，pp.63～67。

26 参见 W. Kirk，“Historical geography and the concept of behavioural environment”，*Indian Geographical Journal*，25 (1951)。

27 有趣的一点是，即便后来到了 20 世纪 70 年代，用人文主义的方式来研究地理学有了更加清晰的观点和目标，由此地理学也得到了更大的发展，但是争论的框架仍然与之前类似。例如，图安（Tuan）认为，人文地理学应该“通过研究人与自然的关系、人的行为，以及他们对空间与场所的感觉和看法理解人类世界”。参见 Y-F. Tuan，“Space and place：humanistic perspectives”，*Progress in Geography* 6 (1974)，p.213. 另参见 Y-F. Tuan，“Humanistic geography”，*Annals of the Association of American Geographers*，66 (1976)；还可参见 Y-F. Tuan，*Space and Place：The Perspectives of Experience*，London：Arnold，1977。

28 参见 D. C. D.Pocock，“Place and the novelist”，in *Transactions，Institute of British Geographers*，NS6，1981； Y-F. Tuan，“Literature and geography：implications for geographical research”，in D. Ley and M. S. Samuels (eds.)，*Humanistic Geography：Prospects and Problems*，London：Croom Helm，1978。

29 Cloke et al.，*Approaching Human Geography*，p.69.

30 J. N. Entrikin，“Contemporary humanism in geography”，*Annals of the Association of American Geographers*，66 (1976)，p.616.

31 R. G. Collingwood，*The Idea of History*，Oxford：Oxford University Press，1946，p.210. 144

32 C. Harris，“The historical mind and the practice of geography”，in Ley and Samuels，*Humanistic Geography*，pp.125～126.

33 L. Guelke，“Idealism”，in M. E. Harvey and B. P. Hollis (eds.)，*Themes in Geographic Thought*，London：Croom Helm，1981，p.132. 还可参见 L. Guelke，*Historical*

Understanding in Geography: *An Idealistic Approach*, Cambridge: Cambridge University Press，1982。

34 E. Relph，*Place and Placelessness*，London：Pion，1976，p.6.

35 J. Eyles，*Senses of Place*，Warrington：Silverbrook Press，1985.

36 R. D. Sack，*Conceptions of Space in Social Thought*，London：Macmillan，1980a；还可参见 R. D. Sack，"Conceptions of geographic space"，*Progress in Human Geography*，4 (1980b). 关于这些位置的评论及对"场所感"概念的描述，可参见 Holt-Jensen，*Geography*，pp.158～166。

37 关于这一点可参见本书导论部分第三节。

38 这是塞耶给出的列表的删减版，出自 A. Sayer，*Method in Social Science. A Realist Approach*，2nd edn，London：Routledge，1992，pp.5～6。

39 例如，把主体和结构结合起来的尝试最早见于吉登斯的结构化理论［该理论是由普雷德（A. Pred）引入地理学文献中的]，"Place as historically-contingent process：structuration and the time-geography of becoming places"，*Annals of the Association of American Geographers*，74 (1984).但是，正如我们之前所指出的，吉登斯的观点已被证明难以作为地理研究的实践指导方针。关于这一点，参见 Cloke et al.，*Approaching Human Geography*，pp.17～18。

40 在 20 世纪 80 年代，对空间的实在论分析为地理学家和社会科学家做出了宝贵的贡献。可参见 D. Gregory and J. Urry，*Social Relations and Spatial Structures*，London：Macmillan，1985；N. Thrift，"On the determination of social action in space and time"，*Environment and Planning* D：Society and Space，1 (1983)；E. W. Soja，"The socio-spatial dialectic"，*Annals of the Association of American Geographers*，70 (1980)。

41 关于这些区别，可参见 A. Sayer，"The difference that space makes"，in Gregory and Urry，*Social Relations*. 关于塞耶的实在论（明显受到了巴斯卡和哈瑞观点的影响）及其与社会科学的关系，可参见 Sayer，*Method in Social Science*，以及他的新作 *Realism and Social Science*，London：Sage，2000，在其中他对地理空间进行了专门的阐述。

42 Sayer，*Method in Social Science*，p.89.

43 同上，p.91。

44 Sayer，"The difference that space makes"，p.50.

45 同上，p.49。

46 Sayer，*Method in Social Science*，p.92.

47 由于这个原因，具体研究就不会与经验概括混淆，后者是建立事件-规律性（event-regularities）实证主义方法的一部分。关于这一点，可参见 Cloke et al.，*Approaching Human Geography*，p.154。

48 广义的方法用于定义个体有限的属性来研究大量的个体，而狭义的方法研究的是少量个体的大量属性。参见 Harré，*Social Being*，Oxford：Blackwell，1979，pp.132～134。 145

49 Sayer，“The difference that space makes”，p.51.

50 参见 J. Blaut，“Space and process”，*Professional Geographer*，13 (1963)；引自 Sayer，*Realism and Social Science*，p.11。

51 这被称作“空间盲目崇拜或分离主义”。参见 Sayer，*Realism and Social Science*，p.112。

52 同上。

53 同上。

54 Sayer，*Method in Social Science*，p.116.

55 同上，p.112。

56 Sayer，*Method in Social Science*，pp.122～123.

57 同上，pp.109～110。

58 同上，p.124。

59 A. C. Pratt，“Putting critical realism to work：the practical implications for geographical research”，*Progress in Human Geography*，19 (1995).

60 这个视角是从不同的观点中提取出的，包括巴斯卡、哈瑞、乌思怀特和塞尔的观点。

61 A. C. Pratt，*Uneven Re-production.Industry，Space and Society*，Oxford：Pergamon，1994，pp. xi－xii.普拉特向我说明的是，关注人造环境的社会生产是他对空间概念去自然化尝试的一部分。他对乡村的深入研究进一步拓展了空间是被“建立”的这一观点，而且他的研究表明对社会实践与社会关系的分析是如何说明实际的情况就是如此的。参见 H. Jarvis，A. C. Pratt and C. C. Wu，*The Secret Life of Cities：The Social Reproduction of Everyday Life*，London：Pearson，2001；A. C. Pratt and J. Murdoch，“From the power of topography to the topography of power”，in P. Cloke and J. Little (eds.)，*Contested Countryside Cultures：Rurality and Socio-cultural Maginalization*，London：Routledge，1997。

62 Pratt，*Uneven Re-production*，p.78. Pratt's reference is to Urry's position as outlined in J. Urry，“Social relations，space and time”，in Gregory and Urry，*Social Relations.*

63 Pratt，*Uneven Re-production*，p.78.

64 同上，p.83。

65 Pratt，“Putting critical realism to work”，p.72.

66 R. G. Golledge，“Fundamental conflicts and the search for geographical knowledge”，in P. Gould and G. Ollson (eds.)，*A Search for Common Ground*，London：Pion，1982，p.21.

67 沼泽地区是一片完全或部分由浅水覆盖的，或者频繁被淹没的低地。它指的是剑桥郡、林肯郡和附近郡县中地势低洼的地区。

68 D. I. Scargill，“Space，place and region：towards a transformed regional geography”，*Geography*，70 (1985)，pp.140～141.

69 正如哈格特所说的，地图是地理学家的“镜子”，但是这些镜子里的影像只是对镜子捕捉到的全部实在的“符号反射”（symbolic reflections）。参见 Haggett，*The Geographer's Art*，p.5。

70 Holt-Jensen，*Geography*，p.114.

71 J. B. Harley，“Maps，knowledge and power”，in D. Cosgrove and S. Daniels (eds.)，*The*
146 *Iconography of Landscape*，Cambridge：Cambridge University Press，1988；J. B. Harley，“Deconstructing the map”，*Cartographica*，26 (1989).

72 例如，可参见 B. Axelsen and M. Jones，“Are all maps mental maps?”，*Geo-Journal*，14 (1987). 这里被问到的一个更为激进的问题是在*心象地图*（*mental maps*）之外，是否存在任何其他地图。

73 尽管达比（Darby）总体上同意地理学必须致力于对地球表面的描述，但是他指出所谓的“描述”在地理学中面临着几个问题和困难。特别需要指出的一点是，描述体现的是客观地表征景观要素的能力，这种说法是非常有争议性的。根本不存在“单纯的”描述。地理描述从始至终都处在变成“不同的东西”的边缘上（说明、历史叙事等）。参见 H. C. Darby，“The problem of geographical description”，*Transactions. Institute of British Geographers*，30 (1962)。

74 关于这一点，见本书导论第四节。

75 这是康德先验论的一个推论：“我认为全部知识都是*先验*的，与其说这些知识是关于对象的，还不如说它们是关于我们对这些对象的认知模式的。”I. Kant，“Introduction”，*in Critique of Pure Reason*，London：Macmillan，1933，p.59 (A12). 特别是，对于康德而言，正是这种先验逻辑正确处理了经验与那些“思考对象时必须要用到的原则”之间的关系。参见 Kant，“Transcendental Logic”，同上，p.100 (B87)。

76 这些研究程序的建构功能被认为等同于康德对人的知性分类的建构功能。但是，新康德主义者把这种功能解释为文化的和历史的功能（而不是先验功能），这使得我们能够理解这种等同关系，并能从实证分析的角度来运用这种关系，特别是对于客观性这个概念的评价。关于新康德主义解释，可参见 Cassirer，E. (1929) *The Philosophy of Symbolic Forms*：*The Phenomenology of Knowledge*，Vol III，Oxford：Oxford University Press，1957；也可参见本书导论第 29 页，特别是①。

参考文献

Arnold, K. (1996), 'Time heals: making history in medical museums', in G. Kavanagh (ed.), *Making Histories in Museums*, London: Leicester University Press.

Ashman, K. M. and Baringer, P. S. (eds) (2001), *After the Science Wars*, London: Routledge.

Astuti, R. (2000), 'Are we all Natural Dualists? A Cognitive Developmental Approach', The Malinowski Memorial Lecture, London School of Economics, London: Mimeo.

Atkinson, J. (1978), *Discovering Suicide: Studies in the Social Organization of Sudden Death*, London: Macmillan.

Austin, J. L. (1955), *How to Do Things with Words*, Cambridge: Harvard University Press (revised from 1962 edn, Oxford: Clarendon Press).

Axelsen, B. and Jones, M. (1987), 'Are all maps mental maps?', *GeoJournal*, 14.

Barnes, B. (2001), 'Searle on social reality: process is prior to product', in G. Grewendorf and G. Meggle (eds) *Speech, Acts, Mind and Social Reality*, Dordrecht: Kluwer.

Barnes, B., Bloor, D. and Henry, J. (1996), *Scientific Knowledge: A Sociological Analysis*, London: Athlone Press.

Barrett, W. (1979), *The Illusion of Technique: A Search for Meaning in a Technological Civilization*, Garden City, NY: Anchor.

Barzun, J. and Graff, H. F. (1992), *The Modern Researcher*, 5th edn, Fort Worth: Harcourt Brace Jovanovich College Publishers.

Bavetta, S. (2001), 'Measuring Freedom: a review of the axiomatic and the statistical approaches', London: Mimeo.

Bazerman, C. (1988), *Shaping Written Knowledge*, Madison: University of Wisconsin Press.

Bennett, T. (1998), 'Speaking to the eyes. Museums, legibility and the social order', in S. Macdonald (ed.), *The Politics of Display*, London/New York: Routledge.

Benton, T. (1981), 'Realism and social science. Some comments on Roy Bhaskar's "The Possibility of Naturalism"', *Radical Philosophy*, 27.

Berry, B. J. L. and Parr, J. B. (1988), *Geography of Market Centres and Retail Distribution*, 2nd edn, Englewood Cliffs: Prentice Hall.

Bhaskar, R. (1975), *A Realist Theory of Science*, York: Alma Book Company.

Bhaskar, R. (1979), *The Possibility of Naturalism*, Brighton: The Harvester Press (2nd edn with new Introduction 1989, London: Harvester Wheatsheaf).

Black, T. R. (1998), *Doing Quantitative Research in the Social Sciences: An Integrated Approach to Research Design, Measurement and Statistics*, London: Sage.

Blaug, M. (1992), *The Methodology of Economics or How Economists Explain*, Cambridge: Cambridge University Press.

Blaut, J. (1961), 'Space and process', *Professional Geographer*, 13.

Bloch, M. (1961), *Feudal Society*, Engl. trans., London: Routledge and Kegan Paul.

Bloch, M. E. F. (1998), *How we Think they Think*, Oxford: Westview Press.

Bloor, D. (1976), *Knowledge and Social Imagery*, London: Routledge and Kegan Paul.

Blumer, M. (1984), 'Why don't sociologists make more use of official statistics?', in M. Blumer (ed.), *Sociological Research Methods*, 2nd edn, London: Macmillan.

Bohemer, H. (1930), *Luther and the Reformation in the Light of Modern Research*, Engl. trans., New York: The Dial Press.

Bohman, J. (1991), *New Philosophy of Social Science*, Cambridge: Polity Press.

Borutti, S. (1999), *Filosofia delle scienze umane. Le categorie dell'Antropologia e della Sociologia*, Milan: B. Mondadori.

Brandt, W. J. (1966), *The Shape of Medieval History: Studies in Modes of Perception*, New Haven: Yale University Press.

Broome, J. (1999), 'Qalys', in J. Broome, *Ethics out of Economics*, Cambridge: Cambridge University Press

Bullock, A. and Trombley, S. (1988), *The Fontana Dictionary of Modern Thought*, London: Fontana Press.

Burke, P. (1990), *The French Historical Revolution: The Annales School 1929–1989*, Cambridge: Polity Press.

Burke, P. (1999), 'Reflections on the historical revolution in France: The Annales School and British Social History', in S. Clark (ed.), *The Annales School. Critical Assessments*, vol. II, London: Routledge.

Button, G. (ed.) (1991), *Ethnomethodology and the Human Sciences*, Cambridge: Cambridge University Press.

Callinicos, A. (1995), *Theories as Narratives: Reflections on the Philosophy of History*, Cambridge: Polity Press.

Carter, H. (1988), *The Study of Urban Geography*, London: Arnold.

Cartwright, N. (1999), *The Dappled World*, Cambridge: Cambridge University Press.

Cassirer, E. (1929), *The Philosophy of Symbolic Forms: The Phenomenology of Knowledge*, vol. III, R. Manheim edn 1957, Oxford: Oxford University Press.

Christaller, W. (1966), *Central Places in Southern Germany*, Engl. trans., Englewood Cliffs: Prentice Hall.

Cicourel, A. (1964), *Method and Measurement in Sociology*, New York: The Free Press.

Clifford, J. (1988), *The Predicament of Culture: Twentieth-century Ethnography, Literature and Art*, Cambridge MA/London: Harvard University Press.

Clifford, J. and Marcus, G. (eds) (1986), *Writing Culture: The Poetics and Politics of Ethnography*, Berkeley: University of California Press.

Cloke, P., Philo, C. and Sadler, D. (1991), *Approaching Human Geography*, London: Paul Chapman.

Collingwood, R. G. (1946), *The Idea of History*, Oxford: Oxford University Press.

Comte, A. (1853), *The Positive Philosophy*, Engl. abridged edn, London: Paul Chapman, 2 vols.

Couclelis, H. and Golledge, R. (1983), 'Analytic research, positivism and behavioural geography', *Annals of the Association of American Geographers*, 73.

Craib, I. (1992), *Modern Social Theory*, 2nd edn, New York/London: Harvester Wheatsheaf.

Cunningham, F. (1973), *Objectivity in Social Science*, Toronto: University of Toronto Press.

D'Andrade, R. (1995), *The Development of Cognitive Anthropology*, Cambridge: Cambridge University Press.

Danto, A. C. (1965), *Analytic Philosophy of History*, Cambridge: Cambridge University Press.

Darby, H. C. (1962), 'The problem of geographical description', *Transactions, Institute of British Geographers*, 30.

Daston, L. (1992), 'Objectivity and the escape from perspective', *Social Studies of Science*, 22.

Daston, L. and Galison, P. (1992), 'The image of objectivity', *Representations*, 40.

Dicken, P. (1978), *Location in Space*, London: Harper & Row.

Douglas, J. D. (1967), *The Social Meanings of Suicide*, Princeton: Princeton University Press.

Dray, W. (1957), *Laws and Explanation in History*, Oxford: Clarendon Press.

Dray, W. (1959), 'Explaining "what" in history', in P. L. Gardiner (ed.), *Theories of History*, New York: The Free Press.

Droysen, G. (1875), *Grundriss der Historik*, Leipzig: Veit.

Dupré, J. (2001), *Human Nature and the Limits of Science*, Oxford: Oxford University Press.

Durkheim, E. (1952), *Suicide: A Study in Sociology*, Engl. trans. J. A. S. Spaulding and G. Simpson, London: Routledge.

Durkheim, E. (1982a), 'Debate on the relationship between ethnology and sociology', in S. Lukes (ed.), *Durkheim, The Rules of Sociological Method and Selected Texts on Sociology and its Method*, London: Macmillan.

Durkheim, E. (1982b), 'The Rules of Sociological Method', in S. Lukes (ed.), *Durkheim, The Rules of Sociological Method and Selected Texts on Sociology and its Method*, London: Macmillan.

Dwyer, K. (1982), *Moroccan Dialogues. Anthropology in Question*, Baltimore: The Johns Hopkins University Press.

Edgar, A. (1996), 'Measuring the quality of life', in P. Badham and P. Ballard (eds), *Facing Death: An Interdisciplinary Approach*, Cardiff: University of Wales Press.

Entrikin, J. N. (1976), 'Contemporary humanism in geography', *Annals of the Association of American Geographers*, 66.

Erickson, P. A. (1998), *A History of Anthropological Theory*, Peterborough: Broadview Press.

Evans-Pritchard, E. E. (1956), *Nuer Religion*, Oxford: Oxford University Press.

Eyles, J. (1985), *Senses of Place*, Warrington: Silverbrook Press.

Fabian, J. (1992), *Time and the Work of Anthropology: Critical Essays 1971–1991*, Amsterdam: Harwood Academic Publishers.

Favret-Sadat, J. (1980), *Deadly Words: Witchcraft in the Bocage*, Engl. trans., Cambridge: Cambridge University Press.

Febvre, L. (1985), *The Problem of Unbelief in the Sixteenth Century, The Religion of Rabelais*, Engl. trans., Cambridge MA: Harvard University Press.

Feyerabend, P. (1975), *Against Method*, London: New Left Books.

Findlen, P. (1994), *Possessing Nature: Museums, Collecting and Scientific Culture in Early Modern Italy*, Berkeley: University of California Press.

Flick, U. (1998), *An Introduction to Qualitative Research*, London: Sage.

Flyvbjerg, B. (2001), *Making Social Science Matter. Why Social Inquiry Fails and How it Can Succeed Again*, Cambridge: Cambridge University Press.

Forcese, D. P. and Richer, S. (eds) (1970), *Stages of Social Research*, Englewood Cliffs: Prentice Hall.

Foucault, M. (1982), *The Archeology of Knowledge*, Engl. trans., New York: Pantheon.

Fox-Keller, E. (1985), *Reflections on Gender and Science*, New Haven: Yale University Press.

Friedman, M. (1953), 'The methodology of positive economics', in M. Friedman, *Essays in Positive Economics*, Chicago/London: Chicago University Press.

Furet, F. (1981), *Interpreting the French Revolution*, Engl. trans., Cambridge: Cambridge University Press.

Furet, F. (1985), 'Quantitative methods in history', in J. Le Goff and P. Nora (eds), *Constructing the Past: Essays in Historical Methodology*, Engl. trans., Cambridge: Cambridge University Press.

Furet, F. and Ozouf, J. (1982), *Reading and Writing: Literacy in France from Calvin to Jules Ferry*, Engl. trans., Cambridge: Cambridge University Press.

Gallie, W. B. (1956), 'Essentially contested concepts', *Proceedings of the Aristotelian Society.*, LVI, New Series.

Garfinkel, H. (1967), *Studies in Ethnomethodology*, Englewood Cliffs: Prentice Hall.

Garfinkel, H. and Sacks, H. (1970), 'On Formal Structures of Practical Actions', in J. C. McKinney and E. A. Tiryakian (eds), *Theoretical Sociology*, New York: Appleton-Century-Crofts.

Geertz, C. (1973), *The Interpretation of Cultures*, New York: Basic Books.

Geertz, C. (1983), *Local Knowledge*, New York: Basic Books.

Geertz, C. (1988), *Works and Lives: The Anthropologist as Author*, Cambridge: Polity Press.

Genberg, A. H. (1976), 'Aspects of the monetary approach to the balance-of-payments theory: an empirical study', in J. A. Frenkel and H. G. Johnson (eds), *The Monetary Approach to the Balance of Payments*, London: Allen and Unwin.

Giddens, A. (1976), *New Rules of Sociological Method: A Positive Critique of Interpretativist Sociologies*, London: Hutchinson (revised version 1993, Cambridge: Polity Press).

Gilbert, N. (1993), *Researching Social Life*, London: Sage.

Goffman, E. (1969), *The Presentation of Self in Everyday Life*, London: Penguin.

Goffman, E. (1974), *Frame Analysis*, Cambridge MA: Harvard University Press.

Golledge, R. G. (1982), 'Fundamental conflicts and the search for geographical knowledge', in P. Gould and G. Ollson (eds), *A Search for Common Ground*, London: Pion.

Goodman, N. (1978), *Ways of Worldmaking*, Indianapolis: Hackett.

Gould, J. and Kolb, W. L. (eds) (1964), *A Dictionary of the Social Sciences*, London: Tavistock.

Gregory, D. and Urry, J. (1985), *Social Relations and Spatial Structures*, London: Macmillan.

Guelke, L. (1981), 'Idealism', in M. E. Harvey and B. P. Hollis (eds), *Themes in Geographic Thought*, London: Croom Helm.

Guelke, L. (1982), *Historical Understanding in Geography: An Idealistic Approach*, Cambridge: Cambridge University Press.

Haac, O. A. (1995), *The Correspondence of John Stuart Mill and Auguste Comte*, New Brunswick: Transaction Publications.

Hacking, I. (1997), 'Searle, reality and the social', *History of the Human Sciences*, 10:4.

Hacking, I. (1999), *The Social Construction of What?*, Cambridge MA: Harvard University Press.

Haggett, P. (1965), *Locational Analysis in Human Geography*, London: Arnold.

Haggett, P. (1990), *The Geographer's Art*, Oxford: Blackwell.

Haggett, P. (1994), 'Geography', in R. J. Johnston, D. Gregory and D. M. Smith, *The Dictionary of Human Geography*, Oxford: Blackwell.

Haggett, P., Cliff, A. D. and Frey, A. (1977), *Locational Analysis in Human Geography*, London: Arnold.

Hahn, F. (1992), 'Answer to Backhouse: Yes', *Royal Economics Society Newsletter*, 78.

Hahn, H., Neurath, O. and Carnap, R. (1973), 'The scientific conception of the world: The Vienna Circle', in O. Neurath and R. S. Cohen (eds), *Empiricism and Sociology*, Dordrecht: D. Reidel.

Hard, G. (1973), *Die Geographie, Eine Wissenschafttheoretische Einfurung*, Berlin: De Greuyter.

Harding, S. (1987), *Feminism and Methodology*, Bloomington, IN: Indiana University Press.

Harley, J. B. (1988), 'Maps, knowledge and power', in D. Cosgrove and S. Daniels (eds), *The Iconography of Landscape*, Cambridge: Cambridge University Press.

Harley, J. B. (1989), 'Deconstructing the map', *Cartographica*, 26.

Harré, R. (1979), *Social Being*, Oxford: Blackwell (revised edn 1993, Oxford: Blackwell).

Harris, C. (1978), 'The historical mind and the practice of geography', in D. Ley and M. S. Samuels (eds), *Humanistic Geography*, London: Croom Helm.

Hartshorne, R. (1959), *Perspectives on the Nature of Geography*, Chicago: Rand McNally.

Harvey, D. (1969), *Explanation in Geography*, London: Arnold.

Harvey, D. (1973), *Social Justice and the City*, London: Arnold.

Hempel, C. (1962), 'Explanation in science and history', in R. G. Colodny (ed.), *Frontiers of Science and Philosophy*, Pittsburgh: University of Pittsburgh Press.

Hempel, C. (1965), *Aspects of Scientific Explanation*, New York: The Free Press.

Hesse, M. (1980), 'The strong thesis of sociology of science', in M. Hesse, *Revolutions and Reconstructions in the Philosophy of Science*, Brighton: Harvester Press.

Hill, M. R. (1981), 'Positivism: a "hidden" philosophy in geography', in M. E. Harvey and B. P. Holly (eds.), *Themes in Geographic Thought*, London: Croom Helm.

Hindess, B. (1973), *The Use of Official Statistics in Sociology*, London: Macmillan.

Holt-Jensen, A. (1999), *Geography. History and Concepts*, London: Sage.

Holy, L. (1987), *Comparative Anthropology*, Oxford: Blackwell.

Hooper-Greenhill, E. (2000), *Museums and the Interpretation of Visual Culture*, London: Routledge.

Houghton, W. E. (1957), *The Victorian Frame of Mind*, New Haven: Yale University Press.

Howe, M. J. A. (1997), *I.Q. in Question*, London: Sage.

Jacoby, R. and Glauberman, N. (1995), *The Bell Curve Debate*, New York: Times Books.

James, P. E. (1952), 'Towards a fuller understanding of the regional concept', *Annals of the Association of American Geographers*, 42.

Jarvis, H., Pratt, A. C. and Wu, C. C. (2001), *The Secret Life of Cities: The Social Reproduction of Everyday Life*, London: Pearson.

Johnston, R. J. (1984), *City and Society: An Outline for Urban Geography*, London: Hutchinson.

Johnston, R. J. (1986), *Philosophy and Human Geography*, London: Arnold.

Johnston, R. J. (1988), 'Writing geographically', in J. Eyles (ed.), *Research in Human Geography*, Oxford: Blackwell.

Johnston, R. J. (1994), 'Central place theory', in R. J. Johnston, D. Gregory and D. M. Smith, *The Dictionary of Human Geography*, Oxford: Blackwell.

Johnston, R. J. (1997), *Geographers and Geography: Anglo-American Human Geography Since 1945*, 5th edn, London: Arnold.

Jordanova, L. (1989), 'Objects of knowledge: A historical perspective on museums', in P. Vergo (ed.), *The New Museology*, London: Reaktion Books.

Kant, I., *Critique of Pure Reason*, N. Kemp Smith edn 1933, London: Macmillan.

Kavanagh, G. (1996), 'Making histories, making memories', in G. Kavanagh (ed.), *Making Histories in Museums*, London: Leicester University Press.

Kennedy, P. (1993), 'British economic decline: bourgeois methodology versus Marxism', Glasgow: Mimeo.

Kind, P., Rosser, R. and Williams, A. (1982), 'Valuation of quality of life: some psychometric evidence', in M.W. Jones-Lee (ed.), *The Value of Life and Safety*, Leiden: North Holland Publishing.

King, G., Keohane, R. O. and Verba, S. (1994), *Designing Social Inquiry: Scientific Inference in Qualitative Research*, Princeton: Princeton University Press.

Kirby, M. W. (1992), 'Institutional rigidities and economic decline: reflections on the British experience', *Economic History Review*, XLV:4.

Kirk, W. (1951), 'Historical geography and the concept of behavioural environment', *Indian Geographical Journal*, 25.

Koertge, N. (1998), *A House Built on Sand*, Oxford: Oxford University Press.

Kuhn, T. (1962), *The Structure of Scientific Revolutions*, Chicago: Chicago University Press.

Kuhn, T. (1977), *The Essential Tension*, Chicago: Chicago University Press.

Kukla, A. (2000), *Social Constructivism and the Philosophy of Science*, London/New York: Routledge.

Lakatos, I. (1970), 'Falsification and the methodology of scientific research programmes', in I. Lakatos and A. Musgrave (eds), *Criticism and the Growth of Knowledge*, Cambridge: Cambridge University Press.

Lassman, P. (ed.) (2000), *Peter Winch and 'The Idea of a Social Science'*, special double issue of *The History of the Human Sciences*, 13:1/13:2.

Lawson, T. (1997a), *Economics and Reality*, London/New York: Routledge.

Lawson, T. (1997b), 'Economics as a distinct social science: on the nature, scope and method of economics', *Economie Appliquée*, L:2.

Lawson, T. and Kilpatrick, A. (1980), 'On the nature of industrial decline in the UK', *Cambridge Journal of Economics*, 4 (reprinted in D. Coates and J. Hillard (eds) (1986), *The Economic Decline of Modern Britain*, London: Harvester Press.

Le Goff, J. (1984), *The Birth of Purgatory*, Engl. trans., London: Scolar Press.

Le Goff, J. and Nora, P. (eds) (1995), *Constructing the Past: Essays in Historical Methodology*, Engl. trans., Cambridge: Cambridge University Press.

Lewis-Beck, M. S. (1993), *Experimental Design and Methods*, International Handbooks of Quantitative Applications in the Social Sciences, vol. 3, London: Sage.

Lizza, J. (1993), 'Persons and death: what's metaphysically wrong with our current statutory definition of death?', *Journal of Medicine and Philosophy*, 18:4.

Longino, H. (1990), *Science as Social Knowledge: Values and Objectivity in Scientific Inquiry*, Princeton: Princeton University Press.

Lukes, S. (1992), *Émile Durkheim, His Life and Work*, London: Penguin Books.

Lyas, C. (1999), *Peter Winch*, Teddington: Acumen.

McCloskey, D. (1986), *The Rhetoric of Economics*, Brighton: Harvester Press (revised edn 1998), Madison/London: The University of Wisconsin Press.

McCloskey, D. (1990), *If You're so Smart. The Narrative of Economic Expertise*, Chicago/London: The University of Chicago Press.

McCloskey, D. (1994), *Knowledge and Persuasion in Economics*, Cambridge: Cambridge University Press.

McCloskey, D. and Zecher, J. R. (1976), 'How the gold standard worked, 1880–1913.' in J. A. Frenkel and H. G. Johnson (eds), *The Monetary Approach to the Balance of Payments*, London: Allen and Unwin.

Malinowski, B. (1922), *Argonauts of the Western Pacific: An Account of Native Enterprise and Adventure in the Archipelagoes of Melanesian New Guinea*, London: Rouledge and Kegan Paul.

Mannheim, K. (1936), *Ideology and Utopia*, London: Routledge (2nd edn 1991, Routledge).

Marcus, G. E. and Fisher, M. M. J. (1986), *Anthropology as Cultural Critique*, Chicago: Chicago University Press.

Megill, A. (ed.) (1994), *Rethinking Objectivity*, Durham/London: Duke University Press.

Menget, P. (1982), 'Time of birth, time of being: the couvade', in M. Izard and P. Smith (eds), *Between Belief and Transgression: Structuralist Essays in Religion, History and Myth*, Chicago: Chicago University Press.

Milgram, S. (1974), *Obedience to Authority: An Experimental View*, London: Tavistock.

Mill, J. S. (1881), 'On the logic of the moral sciences', in J. S. Mill, *A System of Logic*, BK VI, in J. M. Robson and R. F. McRae (ed) (1974), *Collected Works of J. S. Mill*, vol. VIII, Toronto: University of Toronto Press.

Montuschi, E. (1993), 'Rhetorical aspects of scientific arguments', in R. Harré (ed.), *Reason and Rhetoric*, Lewiston: The Mellen Press.

Montuschi, E. (1994), 'Persuading science: the art of scientific rhetoric', *The British Journal for the Philosophy of Science*, 45.

Montuschi, E. (1996), 'Metaphor in social science', *Theoria*, 25.

Montuschi, E. (1999), 'Sociologia', in S. Borutti *Filosofia delle scienze umane. Le categorie dell'Antropologia e della Sociologia*, Milan: B. Mondadori.

Montuschi, E. (2000), 'Measuring life and choosing death: moral, empirical and social aspects of euthanasia', London: Mimeo.

Morgenbesser, S. (1966), 'Is it a science?', in D. Emmet and A. MacIntyre (eds), *Sociological Theory and Philosophical Analysis*, London: Macmillan.

Myrdal, G. (1958), *Value in Social Theory*, London: Routledge and Kegan Paul.

Myrdal, G. (1970), *Objectivity in Social Research*, London: Duckworth.

Myrdal, G. (1971), 'How scientific are the social sciences?', The Gordon Allport Memorial Lecture, Harvard University, Folio, LSE Library.

Nagel, E. (1961), *The Structure of Science: Problems in the Logic of Scientific Explanation*, London: Routledge and Kegan Paul.

Neurath, O. (1973), 'Empirical Sociology', in O. Neurath and R. S. Cohen (eds), *Empiricism and Sociology*, Dordrecht: D. Reidel.

Outhwaite, W. (1987), *New Philosophies of Social Science: Realism, Hermeneutics and Critical Theory*, Basingstoke: Macmillan.

Outhwaite, W. (2000), 'The philosophy of social science', in B. S. Turner (ed.), *The Blackwell Companion to Social Theory*, 2nd edn, Oxford: Blackwell.

Outhwaite, W. and Bottomore, T. (1992), *The Blackwell Dictionary of Twentieth-Century Social Thought*, Oxford/Cambridge MA: Blackwell.

Pocock, D. C. D. (1981), 'Place and the novelist', in *Transactions, Institute of British Geographers*, NS6.

Pratt, A. C. (1994), *Uneven Re-production. Industry, Space and Society*, Oxford: Pergamon.

Pratt, A. C. (1995), 'Putting critical realism to work: the practical implications for geographical research', *Progress in Human Geography*, 19.

Prat, A. C. and Murdoch, J. (1997), 'From the power of topography to the topography of power', in P. Cloke and J. Little (eds), *Contested Countryside Cultures: Rurality and Socio-cultural Marginalization*, London: Routledge.

Pred, A. (1984), 'Place as historically-contingent process: structuration and the time-geography of becoming places', *Annals of the Association of American Geographers*, 74.

Raging, C. (1987), *The Comparative Method: Moving Beyond Qualitative and Quantitative Strategies*, Berkeley: University of California Press.

Relph, E. (1976), *Place and Placelessness*, London: Pion.

Riviere, P. (1974),'The Couvade: a problem reborn', *Man*, 9:3.

Robson, C. (1993), *Real World Research*, Oxford: Blackwell.

Root, M. (1993), *Philosophy of Social Science*, Oxford: Blackwell.

Rorty, R. (1980), *Philosophy and the Mirror of Nature*, Oxford: Blackwell.

Rosenberg, A. (1988), *Philosophy of Social Science*, Oxford: Clarendon Press.

Ross, A. (ed.) (1996), *Science Wars*, Durham NC/London: Duke University Press.

Rosser, R. and Kind, P. (1978), 'A scale of valuations of states of illness: is there a social consensus?', *International Journal of Epidemiology*, 7:4.

Roth, J. (1965), 'Hired hand research', *American Sociologist*, I.

Roth, P. A. (1994), 'Narrative explanations: the case of history', in M. Martin and L. C. McIntyre (eds), *Readings in the Philosophy of Social Science*, Cambridge MA/London: The MIT Press.

Runciman, W. G. (1972), *A Critique of Max Weber's Philosophy of Social Science*, London: Cambridge University Press.

Ryle, G. (1971), *Collected Papers*, London: Hutchinson.
Sack, R. D. (1980a), *Conceptions of Space in Social Thought*, London: Macmillan.
Sack, R. D. (1980b), 'Conceptions of geographic space', *Progress in Human Geography*, 4.
Sacks, H. (1963), 'Sociological description', *Berkeley Journal of Sociology*, 8.
Sayer, A. (1985), 'The difference that space makes', in D. Gregory and J. Urry (eds), *Social Relations and Spatial Structures*, London: Macmillan.
Sayer, A. (1992), *Method in Social Science. A Realist Approach*, 2nd edn, London: Routledge.
Sayer, A. (2000), *Realism and Social Science*, London: Sage.
Scargill, D. I. (1985), 'Space, place and region: towards a transformed regional geography', *Geography*, 70.
Schaffer, S. (2000), 'Object lessons', in S. Lindqvist (ed.), *Museums of Modern Science*, New York: Science History Publications.
Schutz, A. (1990), *Collected Papers I: The Problem of Social Reality*, 6th edn, Dordrecht/Boston/London: Kluwer.
Scriven, M. (1959), 'Truisms and the grounds for historical explanation', in P. L. Gardiner (ed.), *Theories of History*, New York: The Free Press.
Searle, J. (1995), *The Construction of Social Reality*, London: Penguin.
Searle, J. (1997), 'Replies to critics of *The Construction of Social Reality*', *History of the Human Sciences*, 4.
Sharrock, W. and Button, G. (1991), 'The social actor: social action in real time', in G. Button (ed.), *Ethnomethodology and the Human Sciences*, Cambridge: Cambridge University Press.
Silverman, D. (1993), *Interpreting Qualitative Data*, London: Sage.
Smith, D. M. (1981), *Industrial Location: An Economic Geographical Analysis*, New York: John Wiley.
Soja, E. W. (1980), 'The socio-spatial dialectic', *Annals of the Association of American Geographers*, 70.
Sperber, D. (1985), *On Anthropological Knowledge: Three Essays*, Engl. trans., Cambridge: Cambridge University Press.
Sperber, D. (1996), *Explaining Culture: a Naturalistic Approach*, Oxford: Blackwell.
Stafford, B. (1983), 'The class struggle, the multiplier and the alternative economic strategy', in M. Sawyer and K. Schott (eds), *Socialist Economic Review*, London: Merlin Press.
Taylor, T. G. (1946), *Urban Geography*, New York: E. P. Dutton.
Thompson, K. (1976), *Auguste Comte. The Foundation of Sociology*, London: Nelson.
Thrift, N. (1983), 'On the determination of social action in space and time', *Environment and Planning D: Society and Space*, 1.
Timms, D. W. G. (1971), *The Urban Mosaic*, Cambridge: Cambridge University Press.
Tuan, Y-F. (1974), 'Space and place: humanistic perspectives', *Progress in Geography*, 6.
Tuan, Y-F. (1976), 'Humanistic geography', *Annals of the Association of American Geographers*, 66.
Tuan, Y-F. (1977), *Space and Place: The Perspectives of Experience*, London: Arnold.
Tuan, Y-F. (1978), 'Literature and geography: implications for geographical research', in D. Ley and M. S. Samuels (eds), *Humanistic Geography: Prospects and Problems*, London: Croom Helm.

Turner, S. (1986), *The Search for a Methodology of Social Science*, Dordrecht/Boston MA: Reidel.
Tylor, E. (1929), *Primitive Cultures*, 5th edn, London: John Murray, 2 vols.
Urry, J. (1985), 'Social relations, space and time', in D. Gregory and J. Urry, *Social Relations and Spatial Structures*, London: Macmillan.
Van Langenhove, L. and Harré, R. (1993), 'Positioning in scientific discourse', in R. Harré (ed.), *Science and Rhetoric, Anglo-Ukranian Studies in the Analysis of Scientific Discourse*, Lampeter: The Edwin Mellen Press.
Vidal de la Blanche, P. (1926), *Principles of Human Geography*, Engl. trans., London: Constable.
Von Wright, G. H. (1971), *Explanation and Understanding*, London: Routledge and Kegan Paul.
Vovelle, M. (1973), *Piété baroque et déchristianisation en Provence au XVIIIe siècle*, Paris: Plon.
Weber, M. (1949), *The Methodology of the Social Sciences*, Engl. trans., New York: The Free Press.
Winch, P. (1990), *The Idea of a Social Science and its Relation to Philosophy*, 2nd edn, London: Routledge.
Windelband, W. (1914), 'Geschichte und Naturwissenschaft. Strasburger Rektoratsrede', in W. Windelband, *Präludien. Aufsätze und Reden zur Philosophie und ihrer Geschichte*, 5th edn, vol. 2, Tübingen: Mohr.
Wittgenstein, L. (1967), *Philosophical Investigations*, ed. G. E. M. Anscombe, 3rd edn, Oxford: Blackwell.
Wittlin, A. S. (1949), *The Museum: Its History and its Tasks in Education*, London: Routledge and Kegan Paul.
Wooldridge, S. W. (1936), 'The Anglo-Saxon settlement', in H. D. Darby (ed.), *An Historical Geography in England before 1500*, Cambridge: Cambridge University Press.
Woolgar, S. (1988), *Science: The Very Idea*, Chichester: Ellis Horwood and Tavistock.
Yin, R. K. (1994), *Case Study Research. Design and Method*, 2nd edn, Beverly Hills: Sage.
Zeller, R. A. and Carmines, E. G. (1980), *Measurement in the Social Sciences: The Link Between Theory and Data*, Cambridge: Cambridge University Press.

索　　引[①]

① 页码为原书页码，即边码。

作者简介

埃莉奥诺拉·蒙图斯基（Eleonora Montuschi）：伦敦政治经济学院自然科学和社会科学哲学中心（CPNSS）高级研究员，意大利帕维亚大学哲学硕士，牛津大学科学哲学博士。她感兴趣的领域包括社会科学哲学、科学哲学、伦理学和哲学史。著有《社会科学哲学：一种新的介绍》（*Philosophy of social science: a new introduction*）一书。

译者简介

祁大为：河北平泉人,毕业于中北大学经济与管理学院，获工商管理及经济学双学士学位。硕士毕业于山西大学科学技术哲学研究中心，现为该中心博士研究生，师从殷杰教授，研究方向为社会科学哲学。在《江海学刊》《科学技术与辩证法》等刊物发表多篇学术论文。